好作文是改出来的
清华附小班级主题作文评改纪实

何秀华 编著

清华大学出版社
北京

版权所有，侵权必究。举报：010-62782989，beiqinquan@tup.tsinghua.edu.cn。

图书在版编目（CIP）数据

好作文是改出来的：清华附小班级主题作文评改纪实/何秀华编著. —北京：清华大学出版社，2018(2025.1重印)

ISBN 978-7-302-48387-8

Ⅰ.①好… Ⅱ.①何… Ⅲ.①作文课—小学—教学参考资料 Ⅳ.①G624.243

中国版本图书馆 CIP 数据核字(2017)第 218785 号

责任编辑：纪海虹
封面设计：张睿楠
责任校对：王荣静
责任印制：沈　露

出版发行：清华大学出版社
网　　址：https://www.tup.com.cn，https://www.wqxuetang.com
地　　址：北京清华大学学研大厦 A 座　　邮　　编：100084
社 总 机：010-83470000　　邮　　购：010-62786544
投稿与读者服务：010-62776969，c-service@tup.tsinghua.edu.cn
质量反馈：010-62772015，zhiliang@tup.tsinghua.edu.cn

印 装 者：大厂回族自治县彩虹印刷有限公司
经　　销：全国新华书店
开　　本：170mm×240mm　　印　张：15.75　　字　数：263 千字
版　　次：2018 年 2 月第 1 版　　印　次：2025 年 1 月第15次印刷
印　　数：22701～26700
定　　价：58.00 元

产品编号：075643-03

前　　言

一个孩子，

向最初的地方走去，

那最初的，

便成了孩子生命中的一部分……

　　亲爱的读者，读罢美国诗人惠特曼的这首诗，您会作何感想？不知大家是否想起了曾经的童年时光？是否想起了我们生命中身心同步的那一时刻？如果您是父母，就是孩子的第一任老师，您给予了孩子什么？如果您是儿童的小学老师，您又启蒙了什么？

　　试想，儿童遇到早开的芬芳的紫丁香会怎样，如果遇到杂乱无章的野草，又会怎样？面对而今复杂多变的周遭世界，我们该给儿童怎样的阳光、土壤甚或雨露？是"芬芳馥郁的紫丁香"，还是"突兀荒芜的野草"？

　　而今拥有 30 年教龄的我，已经迎接了 30 个新的学年、60 个新的学期。当我注目他们的时候，我知道，每一个孩子，从今开始将经历无可替代的人生中的一段学习岁月。它们将是明亮的诗篇，抑或沉闷的文章，这一切，首先取决于一所学校，一位教师写下的第一行。

　　伴着小学教育的 6 年成长，一个儿童的生命就像是一棵橡树矗立在四季中，每一场风雨、每一缕阳光，最终都会以年轮的方式铭刻在儿童的记忆里。而现在这把岁月的刻刀，就掌握在小学老师手上。从此，唤醒了教师内心深处的爱与责任，那一刻，也就成为父母和孩子彼此寄托希望的最重要所在。

　　清华附小为国家培养"全面发展的人"，努力办一所"大学里的小学，小学里的大学"、一所有行动力的理想主义小学、一所有灵魂的卓越小学、一所拥有清华风格、中国灵魂、国际视野的世界一流小学！

　　而作为一位清华附小的教师，我们将右手郑重地放在胸前，承诺："用敬业、博爱、儒雅成就每一个学生，把每一个学生的成长当作我们的最高荣誉。"于是，"让儿童站立在学校正中央"是我们的教育哲学。尊重儿童成长特点，依据国家《义务教育法》及国家课程标准等相关要求，努力形成了清华附小学生核心素养的必备品格和关键能力。

　　在对完整人的培养中，母语教学尤为重要，清华附小的"语文主题教学"获得新中国成立65年首届国家教学成果一等奖。"清华大学附属小学主题阅读书目"在全国产生广泛影响，打破了儿童语文学习单篇碎片化的困境，改变了广大少年儿童的学习状态。作为语文教师出身的我，经常勉励自己和同行：改变，从阅读经典开始。两座灯塔照耀儿童：一座是高处的国学经典，一座是现当代儿童经典作品。"亲近母语，做有根的中国人。"阅读那些经典和名著，在故事和语言间得到和世俗不一样的气息，学到更多的智慧和见解。

　　具体到作文教学，在清华大学附属小学的主题教学中，要求教师在学生的"一手好汉字""一副好口才"和"一篇好文章"上下功夫。其中"一篇好文章"又分为"会读一篇好文章"和"会写一篇好文章"。主题教学对"一篇好文章"的研究努力走在小学习作教学的前沿，教师们研究出了配套、系统、实用的教材，指引学生从"观察、积累、运用"三个方面努力。强调"作文即生活，作文即做人"，培养学生在求真、立诚的表达中，学做真诚、有用、有爱心的人。一是体现课内如何进行"读写结合"，用足教材进行仿写、续写、改编等习作训练;二是课外延伸,加强作文与生活的联系,例如,从低年级到高年级,围绕一个个"主题",形成了由绘本创作、看图作文,到写景、状物、记事、写人作文,再到话题作文、想象作文、诗歌创作、应用文写作等组成的作文训练体系。不同年段还开发了多种多样的"处方式"习作策略,如绘画日记、接力日记、语言积累本、生活速记、人物素描、书签及贺卡制作、小记者活动等,使习作既源于生活,又高于生活,充分表现主题。综上,主题作文的"主题"有两个含义:一是围绕一个个"主题"来练笔,这个主题可以是主题活动,可以是关键语句,也可以是一个设定的情境;另一个是习作中体现主题,这个主题是学生文章中想要表达的核心思想,是文章之所以写的价值所在。而这主题一定是与学生的生活紧密相连的,否则学生就会写不出来,写出假话、空话。

在清华附小的园子里,六年级四班是不同风格班集体的一个缩影。六年级四班的班主任何秀华老师,作为语文学科带头人兼北京市最受喜爱班主任,她努力践行学校"1＋X课程"的"10＋目标":一流好品格、一身好体魄、一生好习惯、一个好兴趣、一种好思维、一手好汉字、一副好口才、一篇好文章、一项好才艺、一门好外语。她深知小学教育的真谛正是创办清华附小的周诒春校长所提出的"培养完全人格之教育"。尊重儿童的个性发展,为每一个孩子"量身定做",他们班有"爱昆虫的李嘉华",有"爱鼓捣的小发明家梁时雨",有"艺术创作达人刘九毓",有"立志做有公益情怀的商业巨贾的任天昊",有"立志做会踢足球的企业家的张复弘",有"播报快嘴杨朴",有"独孤求败的书法小楷",有"足球小子李源峰",有"中国书画才女孟庆涵",还有"采访身边科学家的孟庆杰"……这些正是何老师的"因材施教"的结果,而班级的普遍性成果,以"一篇好文章"的方式沉淀下来,每一个同学都拿起笔,写自己独特领域的文字。在学校百年校庆为学生出书的过程中,我们的六年级四班先后有7名同学印刷自己的书籍向母校百年献礼。我自己曾多次在全国，甚至芬兰世界校长大会上，分享了何老师的"班级故事"。

正如主题作文的要求，何秀华领着学生在每一节语文课上都进行练笔。比如，学到《有这样一位老师》课文后，她发现文章是以其中的学生"我"的视角来写的，而且人物的心理活动写得还比较好，但文中没有写怀特森老师的心理活动。于是，她就让孩子们转换角度，从怀特森老师的角度来写，将他丰富的心理活动写下来。这不仅是抓住了一个练笔的机会，更让孩子在理解上迈向了新的高度，他们更深刻地理解了怀特森老师的做法，领悟了文章的主题思想。

诸如此类的练笔，每天都在课堂上进行着。另外，还借助学校丰富的主题实践活动，进行练笔。例如，3月读书月来了，同学们经过一段时间的阅读积累，要向低年级和中年级的同学介绍好的图书，他们就拿起笔来为书写推荐信。在接下来的图书义卖中，他们更是将这推荐信画出关键词，张贴在海报上，向每一个走过他们义卖小书摊的同学兜售图书，享受阅读和写作带给他们的快乐，更让写作与生活紧紧联系在了一起。

同时，何秀华作为六年级教研员，要求高年级同学坚持每天写日记。到后来，写日记成了他们的习惯，一天不动笔，就觉得缺少了点儿什么，心中有缺憾。他们的日记涉及多方面的内容：遇到高兴的事情了，文思泉涌，赶快记下来；哪天难过了，也毫不掩饰，动笔写在日记里，写完之后，心情就"也无风雨也无晴"了；偶尔看到一片秋叶掉落，也会说秋愁，谁说少年是强说愁呢，少年此时就是感到了"愁"；看到一则社会新闻，会慷慨激昂，洋洋洒洒写下自己的见解，那份责任与担当，令大人也为之汗颜。

于是，她将孩子们的日记敲成文字，通过班级公众号发表。积攒得多了，就在毕业之际，将文章编辑成册，成了这本书。班级并不只有这一本书，从孩子们小的时候开始，每一年都编辑一本文集,他们自己设计封面、封底,热心的家长们帮忙印刷装订,书在每一个孩子和家长手中传阅。不仅有集体的文集,而且每一个同学,都会将自己的作品结集成册,也慎重地设计好封面,成为自己的一本小书。甚至,在学期中,他们还会小组合作亲手制作手工书。他们也曾经为学校的"十二大景观"写下文字,曾经模仿《蚯蚓日记》制作绘本。到后来,有一些同学和他们的家长就开始出个人文集了,并且几年来,连续不断地写出第一辑、第二辑、第三辑……如《昆虫记》《蜕变集》《丁香花语》等。

在这个舍不得分别的毕业季,这个班级用这本集体文集来记录小学第六年的生活,珍藏童年时代的记忆,也是写作旅程中的一处驿站,我们在这里休整一番,不久的将来,会要再出发。这本书是主题教学"一篇好文章"的延伸,由其中大量的学生习作,以及教师眉批、旁批、尾批来丰富和验证小学语文主题教学理念与设计的正确性、先进性和可操作性。

在学校氛围的不断熏陶下,以及何老师的陪伴与指引下,孩子们就有了不平庸的眼睛和不一样的气质。慢慢地,就能随手写出一些文章来。虽然不一定能成为文学家,可是亲近文学怎么就是为了要成为文学家,成为一个写小说的人呢?文学是一盏灯,只要你亲近过它,那么不管你是在怎样的境遇里,它都会无声无息地照亮你的远方。

那么,亲爱的读者,我请你读读这本文集,你会读到学生的文字——

"一阵微风吹过,深深呼吸,能闻出玉兰那独特的香,既不浓烈也不醉人,但那种香,你只有安静地、慢慢地才能感受到。"

"想念是一种更加牢固的爱……"

"为什么去读书?我的答案就是:读书,是为获得主动选择的权利,而不是被迫谋生!"

"年老的,教奥数的翟老师只是个普普通通的人,在茫茫人海中,毫不起眼,可不知为什么,我心下却生出一种对他的心疼来。亲爱的翟老师,愿您健康,愿您可爱。"

"输了就输了,没什么好伤心的。这只不过是场游戏,只要玩儿得开心就好。'敌我'双方拥抱在一起,无比开怀,这就是童年,这就是游戏,这就是我们的全部世界。"

"生活中有一些人什么都不用做,却什么都有。不要羡慕他们,因为这背后他们一定付出了更惨痛的代价。"

"草意葱茏鼋头渚/烟雨朦胧游太湖/碧波万顷船影淡/谁知湖畔鹭鸥无。"

"一群大雁自在地飞过/一会儿排成'一'字/一会儿排成'人'字/我想知道/教它们写字的老师是谁/她该是个多么孤独的人啊!"

…………

不仅有学生动情、深思的习作范文,同时,你还会读到教师动情、深思的启发性、陪伴性的评改文字——

如篇首词:"仲尼遇见了泰山,于是有了高山仰止,景行行止。李白遇见了酒,于是三分酿成了月光,七分酿成了诗,浩浩汤汤半个盛唐……而芸芸众生万千态中,与每一个生命的遇见,更是一场奇妙的偶合。于是,我们拿起笔来,写下这其中的一个个——父母、老师、亲人、朋友、陌生人……"

如评改要点:"关于写人,瑕疵更真实,如果360度无死角,毫无缺点,这样写下来,就失真了。这是很多学生在写人时容易出现的问题。他们认为要写的人,当然是要拿出来赞扬的,尽管挑好的方面写。但,好比一盆塑料花,花永远鲜艳,叶永远碧绿,却不如有凋零,有败叶的真花好看。所以,我们在写人的时候,优点大大地写,小瑕疵也悄悄地放,这样更真实,更亲和。"

如眉批:"'感动之母亲'这个题目要改,有主题却似无题。现在多数同学会写'妈妈',而你用的是'母亲',我想这'母亲'二字是有分量的。是否改成——'母亲'这两个字"。

如旁批:"没有去过这个地方,但我想象着你的只言片语下,这一段看地图找酒店的路应该走得颇不顺利吧!黑夜中瞪大眼睛看地图,路面还不一定平坦,身边或是寂静或是喧嚣,甚至可能还有一两个流浪汉、几只流浪猫……小小男子汉,爸爸不在身边的那一时刻,你的心里是不是既着急又害怕,既害怕又还想着保护妈妈?多数读者如我一样,没有同你一道去经历,所以,需要你将细节写下来,让我们来感同身受。"

如尾批:"此处颇有鲁迅《阿长与〈山海经〉》结尾的风格。一句朴实的祝福,藏着你对补课老师的心疼,这种情感是真实而深沉的。"

又如总评:"写景作文并不是小学阶段的重点,但是难点。而你却写得这么有感觉。这是得益于你的阅读与模仿,名家名篇是我们学习的范本,学得多了,在他们文字的给养下,也就会慢慢形成自己文字的风格。写景文章,要选择有特点的景物来写,文中的柿树、菊花、秋风等就是有秋天特点的景物。其次要安排好顺序,你从柿树开始,按着一天中的三个时间点来写景,最后以月夜结束。言之有序,让读者看到一个完整的清华园之秋。当然,如果说建议的话,我感到还有两个方面的不足,一是没有能够抓住清华园秋天的特点,柿树、菊花、秋风是普遍的秋,而清华园有其特有的景物——银杏叶、荷塘、工字厅、紫荆树等,就连人群也是不同于其他地方的。二是写景要打开感官,去感知景物的形、色、声、味、触,让读者更真切地感受到你的感觉,将景物写细致。"

…………

在这里,你会切实感受到清华附小语文主题教学"我是教语文的,我是教人学语文的,我是用语文教人的"这句话在字里行间的含义。

这所有角落、有故事、有意思、令人难忘的温润的小学,这所生态田园、人文家园、书香校园、儿童乐园的小学,这所多方赞誉、受人尊敬的小学——正从这里,实现学校、学生、教师、家长梦想的聚合融汇,共同成长,彼此抵达。

　　相信岁月,相信小学;相信儿童,相信花开……

窦桂梅
2017年6月于清华园中

自　　序

　　此刻,我坐在这清华园中。小窗外,春花深深浅浅开在了雾霾里。我的书桌空瓶中,插着一枝捡来的山桃,那是园林工人剪下的,它开得欢欣、奋力。此情此景,便勾勒出编写这本书的来由。

　　那么多花儿样的孩子,他们都在学语文,却难得有几个爱学语文。而这语言与文字中,读读、背背尚可忍耐,尤以写文章的作业,使孩子们心中无望,于满教室的无声中,可听哀鸿遍野。这大概是较为常见的大环境了。不仅孩子们,作为他们的语文老师,我们都感到"霾"深重,难呼吸。他们拿起笔来,努力迎合考试卷上的作文题,思量着那培训机构里所教的"开头模板""标准结尾",所以,他们"不敢写""没得写""不会写""写不准""写不深"。儿童正如一个个经冬的花苞,他们有其丰富的生活体验,正等待一夜好风,却只能开在无数条条框框的畸形指导中。是谁无情地裁定了那一枝也等待了一个寒冬的山桃就该被剪下来?自然总有剪它下来的理由。这就好比孩子们的文章,我们大人只一味地按着自己觉得有用的标准去评判、去修剪,甚至抛却他们为什么写的意义,从而使他们失去了可掌控自己作品的力量,自然就畏惧了,写不好了。

　　虽然,我们听到坊间传闻,评一篇高考作文耗时仅40秒。但,写作不只是为了给别人看,不是应对考试、公文,写作是记录生命的过程,生活即作文,作文即做人。它无疑是学习语言文字中的一项重要内容,是现代人生存和发展必须具备的能力,更是一种精神的涵养，可用以打开生命的疆域、延长灵魂的轨迹。

这本书，就是要最忠实地将习作教学中的批改过程呈现在读者面前，希望读者注意到教师是怎样陪伴孩子们写文章，为他们的文字"叫好"，依他们的文字"剪枝"，给他们的文字"指路"，直至最终"仰视"孩子们的文章。这文章就好比开在春天里的花，我们不能让它长在乌烟瘴气的大环境里，最终都成了八股般令人生厌的"习作"，要叫它开得灿烂，不负春光也不负卿。

本书共分为八章，分别是记事篇、写人篇、想象篇、描景篇、状物篇、诗词篇、论述篇、读后感。每一篇章里前半部分为评改要点，其次是修改实例，有五篇左右作文批改案例，都由"草稿篇"始，旁附教师的批注，末尾是总评，而后是学生返回的"修改篇"；这之后，辅以十篇优秀习作作为"佳作欣赏"，主要是六年级课堂练笔、日记随笔等。

抛开以上不说，此书尤其在批改学生习作方面，做了深入、持久的尝试。我心中最欣赏的评改当数古人脂砚斋评《红楼梦》了。其评改可以说与《红楼梦》本身相得益彰，如"落霞与孤鹜齐飞，秋水共长天一色"。他不像金圣叹评《水浒传》，总是站在作家的对立面，歪曲和贬损英雄；也不似李卓吾般，热情地颂扬农民起义。其实，金圣叹和李卓吾也代表着我们教师批改作文的两种方式：一种是高高在上、指手画脚地提出批评、修改意见，并将学生的文章改得"满篇红"。这种批改方式，尤为不可取。正如鲁迅所言，"恶意的批评家，在嫩苗的地上驰马，那当然是十分快意的事，然而遭殃的是嫩苗——平常的苗和天才的苗"。另一种方式则置身事外，一味地画波浪线盲目欣赏，近年也有老师提出让学生自己修改，见了"满篇红"，就大笔一挥说好，并笑言，学生们的作文能好到哪儿去，不必细读。这两种做法，都是目中无"人"，没有陪伴学生在文字中行走。不论是教师批的"满篇红"，还是学生批的"满篇红"，这样批改下去，一定是高耗低效了。长此以往,孩子们面对教师的评语,也一定是漠然的,师生之间的距离也会越来越远。

修改作文,一般的做法是圈画错别字,指出写得好的部分,画上波浪线,有眉批、旁批和尾批,提出修改意见。这是形式上的规矩,但至于内里的瓤,以及最后的效果,就要好好讨论了。

笔者从学生兴趣开始,从不畏惧写、不勉强写开始。首先,由着学生写,说诚实的话,写真实的情感。起初,文字中有一些真实但并不好听的话语,也是容许的。例如,偶发的他对老师某种做法的抱怨,他对某个同学的朦胧喜欢,他对某个概念的颠覆;或者,他对某新闻内容的不满……一定容许他写下来,因为他在向老师试探,他的文字是不是真正属于他自己,还是只写给老师看。后一种情况,他会另外有一个日记本,锁上小锁;或者,干脆不写,因为那把小锁也是挡不住父母的偷窥的。在这个建立安全感的第一阶段,我先回忆自己青春期的往事,做到与学生共情,和他们站在一起,然后再动笔写下我的评语。此时的评语大多不是站在写作技术的角度,而是站在联通情感的角度了。例如,一个学生喜爱苏轼,引"竹外桃花三两枝,春江水暖鸭先知。蒌蒿满地芦芽短,正是河豚欲上时"诗句,品析这首诗的妙处,并在结尾处写道:"在吃货苏轼的眼里,就算题画写个诗,想象自己在春天的江边游览,目之所及也还是那些能吃的……"笔者写下评语:"你的赏析角度很独特,我表示赞同。据传,东坡在海南,食蚝而美,贻书叔党(苏叔党,东坡第三子)曰:'无令中朝士大夫知,恐争谋南徙,以分此味。'可译为:儿子啊,这世上怎么会有牡蛎这么好吃的东西啊,你千万别告诉别人,我怕他们来跟我抢吃的。"学生见老师并没有批评他的文章不符合传统意义的赏析,反而表示赞同,还是同道中人,心中大喜,接二连三又写了好几篇关于苏轼的文章,且一篇更比一篇精彩。

待师生之间的信任、安全建立之后,孩子们的话语就变得鲜活了，情感也变得真实了。教师在第一步的认同之后，第二步要做的才是修改。但这修改并不仅仅是一些技法上的问题，更多的是要去考虑怎样才能为学生训练思想和培养情感。我发现在孩子们已经很愿意敞开心扉来写的情况下，写出来的文章是有高下的，这高下还不只是遣词造句，主要在于学生在文章中想要传递的思想与情感，也即主题的意义和价值。

从一篇好的文章中，我们不仅能看到高年级学生语言的生长，更能看到在有了一定的生活经验之后的思想、情感的生长，这是难能可贵的。主题教学一向讲究"情感思辨"。如今的学生，一方面，网络充斥在他们生活的方方面面，他们更多地接触着网络铺天盖地的信息，而这些多数是碎片化的。由于信息量大，信息纷杂，干扰项较多，留给思维和体验的时间就少了，导致这个年龄阶段的孩子思考深度丢失了，体验情感的长度也不够了。写成文章后，会发现他们的思维和情感出现流于浅层，变得机械，以及较为浮躁等特征，思辨的能力较弱，情感不能打动人。另一方面，快节奏的社会生活中，读图成了更为直观、快捷的途径，大有泛滥之势，使得语言文字在逐渐被简化，甚至被替代。语言文字本是高度概括、抽象的东西，当生活中越来越少被使用后，学生的思辨能力的发展也就逐渐退化了。此外，为了应试，很多学生选择以背"作文选"的方式来获取高分，这样没有创造力的习作，也在一定程度上造成了学生思维、情感的停滞。

所以，修改习作的第一步是"陪伴"，如脂砚斋一般和作者站在一起，共同经历，与自己相连。而第二步就是关注思维与情感，寻找写文章的意义。前文说到文章与生活、做人的关系。我们写文章非要有写的必要才有动笔的意义，例如，或有经验要与人分享，或有情感需要表达。修改时，有以下几种情况。第一种情况是缺少积累和体验。举例说来，当孩子要写一个"陌生人"时，有很多孩子会选择写环卫工人，就写得非常

"脸谱化"。而后老师就要怀疑，这个题目是不是与学生的生活不相贴近，要考虑换题目。当然，如果不换呢，也可以有主题作文的做法。我们让学生花一个星期的时间积累阅读的经验，看名家怎样写"陌生人"。并请学生们在这个星期里重点观察与自己的生活有交集的"陌生人"，站在他们的角度思考问题。于是，学生们笔下的"陌生人"范围就广了。即便再有人写清洁工人，他们也选择身边的学校保洁阿姨来写。发现了她每天扫厕所6遍，冬天常靠在厕所暖气上取暖，她还坐在暖气上读同学们扔弃的破书……这样，虽然孩子们还是不知道这保洁阿姨姓甚名谁，只是观察，仍是陌生人，但对她，以及她的生活在与自己进行关联后，就有了思考和感受。

第二种情况，不论在哪一类作文中，议论、说明，甚或是写人、记事等，都有可能发现孩子的文章逻辑不清，层次不清，或者情感不显，更不充沛。最好的办法就是让小作者将文章从头到尾读出来，这种办法虽然朴素，但对修改作文的作用很大，师生在促膝交谈中，也增进了情感。我曾经给学生练一篇文章，一周时间里，每一个学生来我跟前朗读。我们坐在一起面对面修改。一是让学生自己发现让人读不懂之处多是因为思维的跨越造成的逻辑、层次不清，他们无意识下把读者当成了与自己一样，全知、全能、全经历的人。于是就需要教师提出疑问，使学生在解疑过程中就发现问题，并进行修改。二是因为他们对自己所要表达的思想和情感，并没有很深的领悟和感受。这种情况下，我们会针对主题进行探讨，直到主题在探讨中越辩越明。

第三种情况是思想说得不透彻，情感写得不尽情。这种情况也很常见，也是文章无话可说"写不长"的原因。当然，我们并不是一味地希望学生们将文章写得长，长也要有长的必要，是喜欢说的，是必要说的。就如叶圣陶先生所言："若不是为着必要和欢喜,而勉强去写长些,就成了一种无聊又无益的事。"较之没话可写的孩子,也有一些学生文章写得很长,喜欢那种类似婉约派或言情小说式的表达,他们的文章较文艺,但不是准确的表达,这是不提倡的。在高年级孩子的作文中,他们往往在写人、记事中,不善于描写。有的文章中有描写,却又不能很好地表达主题。所以,教师看罢学生作文,根据他想表达的主题,常指出需要添加细节的地方,由学生再根据主题,进行修改、添加。

其实,习作哪有什么很好的办法,说到根本,还是要先充实孩子们的生活,生活充实到什么程度,才能写出什么程度的文字。除了充实孩子们的生活之外,就是要静下心来,在习作前有规划、设计,根据主题,重视习作前的阅读、观察、积累等,使孩子们爱写,有了积蓄便忍不住要用文字写下来。当他们写下来,教师就更要蹲下来欣赏,再指引一个方向,在修改上下功夫,好文章自然就是这样"改"出来的。

我总记得,当年听闻莫言获得诺贝尔文学奖的时候,我大胆地想过:未来的哪一天,我的学生们中会不会有一人是下一个。当然,如校友杨振宁与孩子们的对话:不要成天想着"诺贝尔奖",要发展自己的兴趣,有一天,"诺贝尔奖"就跟着你的屁股后面来了。孩子们不似我,心中会有这样大大的企图。如今的他们不是为写而写,他们是真的爱写,我愿他们这样写下去。

何秀华

2017年4月于清华园中

第一章 记 事 篇

评改要点

评改实例

我收获了温暖 …………………………… 吕济舟 4

旅行中的一件事 ………………………… 高天乐 7

那浓浓的母爱 …………………………… 哈斯尔 10

突破自我 ………………………………… 邱美延 13

想起那件事，我就感动 ………………… 杨子民 16

佳作欣赏

枪战 ……………………………………… 吕济舟 20

元宵节之行 ……………………………… 贾雨彤 21

难忘那一夜 ……………………………… 杨　朴 22

拔河比赛 ………………………………… 张济楷 23

老师把我领回家 ………………………… 雷明钰 24

一次小创作 …………………………………… 张睿楠 25
　　我们一起烤饼干 ……………………………… 周一琳 27
　　捉虾记 ………………………………………… 张济楷 28
　　观鱼 …………………………………………… 吕济舟 29
　　拔牙 …………………………………………… 孟诗雨 30

第二章　写　人　篇

评改要点
评改实例
　　感动之母亲 …………………………………… 王欣怡 36
　　爱是什么 ……………………………………… 胡育诚 39
　　一个普通人——翟老师 ……………………… 肖云祺 42
　　我的好朋友梁时雨 …………………………… 张复弘 45
　　温暖 …………………………………………… 闫京轩 47
佳作欣赏
　　我的老师 ……………………………………… 张济楷 50
　　张郎济楷 ……………………………………… 李嘉华 51
　　普通人 ………………………………………… 谭　涵 52
　　我的同桌 ……………………………………… 庄奕楠 53
　　父亲 …………………………………………… 王欣怡 54
　　我的姥爷 ……………………………………… 马明佳 55
　　这个雪天很温暖 ……………………………… 郭思彤 56
　　"皇阿玛" ……………………………………… 许岚瞳 57
　　普通人 ………………………………………… 梁时雨 59
　　多名牌的人——吕济舟 ……………………… 谭　涵 60

第三章　想　象　篇

评改要点

评改实例

　　与杜甫相遇 …………………………………… 庄奕楠 66

　　《小猫钓鱼》新传 ……………………………… 孟庆杰 69

　　《十五从军征》扩写 …………………………… 孟庆涵 72

　　马和驴 ………………………………………… 吕济舟 75

　　3.5维坐标系 ………………………………… 谭　涵 77

佳作欣赏

　　我的梦和梦想 ………………………………… 张济楷 81

　　四维空间·零维空间 ………………………… 杨子民 82

　　花儿 …………………………………………… 武鹤恬 83

　　爬山虎 ………………………………………… 梁时雨 84

　　蒲公英的旅行 ………………………………… 武鹤恬 85

　　谁知道未来是什么样 ………………………… 梁时雨 86

　　我的理想 ……………………………………… 李源峰 87

　　30年后 ………………………………………… 郭思彤 89

　　我希望我的房间是…… ……………………… 肖云祺 90

　　如果我能再从"小豆包"开始 ………………… 刘九毓 91

第四章　描　景　篇

评改要点

评改实例

　　清华园之秋 …………………………………… 肖云祺 96

　　夜幕下的校园 ………………………………… 唐凯文 99

雨 …………………………………… 陈楚玥 101
永远的风景 ……………………… 薛媛媛 104
聆听花开的声音 ………………… 庄奕楠 106

佳作欣赏

海 …………………………………… 陈楚玥 110
雨 …………………………………… 薛媛媛 111
秋的温暖 ………………………… 陈楚玥 112
夕阳与月光 ……………………… 武鹤恬 113
我喜欢 …………………………… 高靖雅 114
清华园之春 ……………………… 吕济舟 115
秋天的思念 ……………………… 薛媛媛 116
家乡旧事 ………………………… 杨　硕 117
最后的春雪 ……………………… 薛媛媛 117
无锡之旅 ………………………… 王欣怡 119

第五章　状　物　篇

评改要点
评改实例

门前的树 ………………………… 孟庆涵 123
那条火车道 ……………………… 哈斯尔 125
黑鸽王 …………………………… 程　一 128
猫 ………………………………… 庄奕楠 130
令我难忘的好朋友——多多 …… 肖云祺 132

佳作欣赏

我佩服蜘蛛 ……………………… 张竞博 135
佛光寺 …………………………… 吕济舟 136
釉里红龙纹油锤瓶 ……………… 王欣怡 137

"北漂"的喜鹊 ………………………………… 薛媛媛 138
《昆虫记》（节选）………………………………… 李嘉华 139
印象云南——石林 ………………………………… 庄奕楠 142
杨树花 ………………………………………………… 庄奕楠 143
蚕儿 …………………………………………………… 张睿楠 144
茶 ……………………………………………………… 刘九毓 145
记春光中附小的那棵玉兰 ………………………… 庄奕楠 146

第六章　诗　词　篇

评改要点
评改实例
　　睡不着 ………………………………………… 陈楚玥 152
　　一棵桃树的春天日记 ………………………… 张济楷 155
　　我想知道…… ………………………………… 倪洪炜 157
　　鹊踏枝·归去 ………………………………… 顾子豪 159
　　无锡踏青 ……………………………………… 王欣怡 160
　　咏松 …………………………………………… 闫京轩 161
　　傲梅 …………………………………………… 程　一 162
佳作欣赏
　　树的一家 ……………………………………… 陈楚玥 164
　　我的玫瑰 ……………………………………… 郭思彤 165
　　她的梦里 ……………………………………… 门鹭彤 166
　　闭上眼 ………………………………………… 肖云祺 166
　　回家 …………………………………………… 周一琳 166
　　花·思 ………………………………………… 阮逸兰 167
　　灯光 …………………………………………… 谭　涵 168
　　如果 …………………………………………… 闫京轩 169

乞讨 ·· 梁时雨 170

第七章 论述篇

评改要点

评改实例

    道德底线 ····································· 张复弘 176
    你凭什么这样做？ ··························· 谭　涵 178
    汽水 ·· 梁时雨 181

佳作欣赏

    面对自我的逃避 ······························ 梁时雨 184
    人生永不在于终点而在于过程 ·············· 薛媛媛 185
    雾霾 ·· 罗昊林 186
    为什么去读书？ ······························ 颜家骅 187
    小议广告词 ··································· 仲子惟 188
    尧舜之谜——自私的基因 ···················· 梁时雨 189
    小议种族歧视 ································ 唐凯文 190
    离开，为了新的开始 ························ 马睿可 191
    随笔 ·· 梁时雨 192
    神 ··· 陈楚玥 193

第八章 读后感

评改要点

评改实例

    狗·猫·鼠 ····································· 闫京轩 197
    聆听关老师钢琴曲有感 ······················ 庄奕楠 199
    叶公好龙，邱女好猫 ························ 邱美延 201

三国演义读后感 …………………………………… 周一琳 203
改变·付出·成长 …………………………………… 王欣怡 207

佳作欣赏

读《鹿鼎记》有感 ………………………………… 张济楷 210
《城南旧事》读后感 ……………………………… 吕济舟 211
《阿长与〈山海经〉》读后感 ……………………… 吴继平 213
《三体》读后感 …………………………………… 吕济舟 214
美国太平洋舰队和日本联合舰队 ………………… 唐凯文 215
《童年》读后感 …………………………………… 任天昊 217
杨子民作文读后有感 ……………………………… 闫京轩 218
《古希腊神话》读后感 …………………………… 梁时雨 219
坚强与感恩 ………………………………………… 庄奕楠 220
温暖"2016" ………………………………………… 庄奕楠 221

后　　记

惟有感恩……………………………………………………… 223

第一章 记事篇

人生天地间,若白驹过隙,忽然而已。刚刚历经 12 载春秋的少年啊,有多少故事已经发生,还在发生,正在发生……而这生活与写作的关系,正如叶圣陶所言:"生活犹如泉源,文章犹如溪流,泉源丰盈,溪流自然活泼泼地昼夜不息。"生活中,每一个值得记下来的故事,都曾带来丰富的感动,深刻的成长。让我们将一个个故事记录下来,再回首,也愿你万里归来,仍是少年。

评改要点

（1）意义

生活中可写的事情很多，可哪些事情才是有意义的呢？首先，是感受深的、有体验的事情。这个感受、体验，不能是道听途说，最好是亲身经历过的，即便没有亲历，也真正触动了内心。其次，是选择较为新鲜、独特的事情来写，这样的题材，本身就吸引人。最后，即便是平凡的小事，如果换一个角度深入思考，也可以写出深意。所谓意义，自然来自平时的阅读、观察、积累和思考，但是在表达意义的过程中，较为常用的方式主要有三种：一是直接抒发情感，揭开文章想要表达的意义；二是通过讨论的方式，逐层剥开，把意义挖掘出来；三是不写明意义，但通过描写的方式，让读者思考事情背后的意义，发人深省。

（2）细节

如同大树，文章结构是主干，细节描写则是这之外的枝、叶，人物的动作、语言、神态、心理活动以及环境等细节描写，对事情的丰富和变化起着决定的作用，往往是最适宜承载作者表达思想和情感的。文章中好的细节描写，看似随手拈来，实则精心布置。不仅烘托渲染思想和情感，也点亮了文章，对判定写作水平起到关键性作用，因此细节描写是高于习作的文学艺术。写事的文章中，因为是亲身经历，又与他人有交集，发生在一定的环境中，所以，从小学阶段评改作文的角度看，对各种细节描写的关注程度排序如下：首先，尤其关注对自身内心活动的细节描写，这是孩子们常常忽视的。其次，就是看重习作者对他人细节的观察，那就是动作、语言、神态、心理等多方面的细节描写了。最后，才是环境描写。

（3）起伏

记事一般有六要素——时间、地点、人物、起因、经过、结果。情节完整，是叙事的第一步。基本要求达到后，就要关注文章的起伏，"文似看山不喜平"，写作时，情节设计要有波澜，起伏跌宕、引人入胜。有的同学写事中心明确，条理也很清楚，什么问题都没有，但就是读来索然无味，如同说明文一般。通常情况下，孩子们会说，就这么一件事，没有什么一波三折的情节。但这是不可能的，一件值得记下来的事，一定有它的深刻之处。推动事情情节发展的，恰恰是矛盾冲突。比如，误会。写的时候，不能只简单地从一个方面肤浅地讲故事，而应该一段有一段的意思，一步一步深入、开拓，矛盾冲突在其中推波助澜，最后破解，文章就"抓人"了。与"起伏"看似相反的是反复叙事，它看似情节的反复、固定，但反复叙事"不变中有变，相同中又不同"，掌握了这个规则，也就发现了反复叙事的结构密码（这个反复叙事只是部分学生领悟即可）。

评改实例

草稿篇1

我收获了温暖

吕济舟

在生活中,我们经历过许多事。大多早已淡忘,但有一件事我至今记忆犹新。

那是一个假期,我和妈妈去北欧旅行。飞机晚点了,当我和妈妈从瑞典斯德哥尔摩机场乘坐机场快线到达中央火车站时,<u>已是半夜12点多了</u>①。在这里,我们人生地不熟,第一个难题便是找旅馆。

<u>根据地图指示,我们订的旅馆应该一出火车站就能看见才对。但是,我们按着地图所指示的方向走了老半天,非但没有找到旅馆,还走入了一个死胡同。我们只得放弃了地图</u>②。

<u>就在这个黑暗的时刻,希望的曙光出现了</u>③。<u>对面走来两个路人,我们赶紧迎了上去</u>④,向他们打听旅馆的位置。一开始他们还不太懂,但很快就明白了我们的意思,并为我们指明了方向。

没想到这个旅馆远在天边近在眼前。一出火车站,左边那栋就是。只不过门在另一边,所以我们没发现。

我心中的一块石头终于落了地。我们如释重负地走进旅馆,准备登记入住时,前台的服务员却说,我们该入住的不是这家旅馆。听到这个消息,我们心中充满了疑惑,他帮我们一查,原来这里有两家名字相同的旅馆,我们订的是另一家。<u>说完,他就要亲自带我们过去</u>⑤。我们一开始还推辞了一下,但他坚持要送我们,见他如此热情,我们就没再说什么。跟他一起走了出去。他把我们送到一个扶梯下面,并指明方位。很快,我们就找

① 半夜12点多,只有你和妈妈,想来是多么难。眼前异国他乡的景和心中的情恐怕正是相异或照应的吧!"一切景语皆情语",此处如若描上一两笔景,就更好了。

② 我没有去过这个地方,但我想象着在你的只言片语下,这一段看地图找酒店的路应该走得颇不顺利吧!黑夜中瞪大眼睛看地图,路面还不一定平坦,身边或是寂静或是喧嚣,甚至可能还有一两个流浪汉、几只流浪猫……小小男子汉,爸爸不在身边的那一时刻,你的心里是不是既着急又害怕,既害怕又还想着保护妈妈?多数读者如我一样,没有同你一道去经历,所以,需要你将细节写下来,让我们来感同身受。

③ "希望的曙光",多么恰当的比喻!

④ "对面走来两个路人"与"我们赶紧迎了上去"之间省略了你心中的百转千回。来人什么样?他们是好是坏?你对自己的外语足够有信心吗?是怎样的一番决定?

⑤ 比起上文那两个为你指路的人,我是多么希望知道这个一定要亲自带你们过去的人是什么样子。他的语言,他的动作,尤其他的眼睛,一定在向你们传递着善良的温度。

到了预订的旅馆。

折腾了一个晚上，我们终于住上旅馆了。这里的陌生人用他们的热情使夜晚的寒风也变得温暖。⑥

总评：济舟，你是一个兼具理性与感性的男孩，如其他男孩文章的逻辑、结构等，在叙事中体现得非常明显。从叙事的骨架结构上看，这个故事一波三折，情节发展中，甚至有"绝处逢生"之感，非常吸引人。从文章的立意上看，你的思想正在成长，不仅有担当，也能感受善意，更能领悟人与人之间的温暖。而从内容上看，深夜在异国找旅馆，在陌生人的帮助下，最终入住。小小男子汉面对这样棘手的问题，其解决过程中，一定有很多感人的细节，而你记录的方式，确实也如你的为人处世风格一般，选择默默承担，不多言语。但，文章要漂亮，除了材料选得精当一点儿，话还需要说得确切一点儿，周密一点儿，细致一点儿。

⑥ 躺在旅馆的床上，你一定百感交集，不只是寒风变得温暖，更有跨越国度、语言、肤色的某种东西是相通的。

修改篇 1

我收获了温暖

吕济舟

在生活中，我们经历过许多事。大多早已淡忘，但有一件事我至今记忆犹新。

那是一个假期，我和妈妈去北欧旅行。飞机晚点了，我和妈妈从瑞典斯德哥尔摩机场乘坐机场快线到达中央火车站时，已是半夜12点多了。在这里，我们人生地不熟。四周黑漆漆的，虽然高楼林立，但因是深夜，大多的楼都已经没有了光亮，让人不知不觉有一种陌生感。而现在的第一个难题便是找旅馆。

根据地图指示，我们订的旅馆应该一出火车站就能看见才对。但是,我们按着导航所指示的方向走了老半天,穿过一座过街天桥,还没有看到旅馆的影子。只看到清洁工费力地推着垃圾车走过,路边偶尔看到一两个流浪汉。再往前走,非但没有发现旅馆的招牌,根据导航所示似乎要走入一个死胡同了。我们只得放弃了导航。

就在这个黑暗的时刻,希望的曙光出现了。对面走来一男一女两个路人,他们在轻声地交谈。我们又惊又喜,但心中也不免有些紧张。他们是好人还是坏人呢?他们能听懂我们的话吗?但看着那两个人慢慢地即将走了过去,我们也不想那么多了,赶紧迎了上去,向他们打听旅馆的位置。一开始他们还不太懂,但很快就明白了我们的意思,并为我们指明了方向。

没想到这个旅馆远在天边,近在眼前。一出火车站,左边那栋就是。只不过门在另一边,所以我们没发现。

我心中的一块石头终于落了地。我们如释重负地走进旅馆。旅馆的服务员是位彬彬有礼的小伙子,看了一眼我们出示的订单,他温和地笑了笑,说我们订的不是这一家。听到这个消息我们心中充满了疑惑。他告诉我们这里有两家名字相同的旅馆,我们订的正是另一家。说完,他就要亲自带我们过去。一开始我们还有一些迟疑,但看着他那蓝色眼睛里真诚的目光,就心安了,也没再说什么,便跟他一起走了出去。他把我们送到一个扶梯下面,并指明方位。走出扶梯,我们发现预订的旅馆原来就在马路的斜对面。

折腾了一个晚上,我们终于住上了旅馆。躺在了酒店软软的床上,我回味着这一个晚上的经历,不管眼睛的颜色是蓝还是黑,但眼睛里的光是真诚的。这里的陌生人用他们的热情使夜晚的寒风也变得温暖了。

草稿篇 2

旅行中的一件事①

高天乐

大家都出去旅游过吧，我也一样，有一件事让我至今难忘。②

在暑假中，爸爸、妈妈和我一起去了五台山，住进了宾馆。一天中午，妈妈叫我到外面买几瓶水，我兴高采烈地跑了出去。

在回来的路上，我走得很急。心想：赶快回到宾馆去，妈妈还等着呢！就在这时，有一个阿姨从我身边匆匆走过。我忽然发现，从阿姨的上衣口袋中掉出了一张100元的钞票，便停下了脚步。我看着地上的钱，又看着远去的阿姨。心想：我是把钱还回去呢？还是自己留下来呢？我又四下看看，没有发现过往行人，于是心想：还是我自己留下来吧，又没有人看见。

我按捺住七上八下的心情，屏住呼吸，抑制住紧张的心情，③正要把刚刚捡起来的钱放入口袋中时，又陷入了沉思：钱是阿姨的，虽然没有被路人发现，我可以把钱拿走，可那是小偷的行为！我可是一名少先队员，少先队员绝对不应该做这样的事！④老师不是说过吗：我们不能拿走他人的劳动成果，我怎么能这样呢！⑤想到这里，我的脸红了，马上向掉钱阿姨的方向跑去，追到后，我气喘吁吁地说："阿姨，您的钱刚才掉了，给您。"阿姨一摸口袋，钱还真是少了，连忙说："谢谢你啊，小朋友，⑥你真是一个好孩子。"

"不用谢。"说完我转身就飞快地跑走了。当时，我也很不好意思，为自己曾有过的不光彩想法而羞愧。⑦

在回来的路上，我想，这件事给了我两个启示：第一，要靠自

① 这个题目只是个形式上的标题，它并不能传递什么。而写作的意义，还是要表达的。题目正是文章的眼睛，你能将意思藏在题目里吗？
② 虽说开门见山，但太简单了。为什么会抓住"旅行"二字，这个词的意义还有什么？
③ "按捺住七上八下的心情"和"抑制住紧张的心情"意思接近，取其一就好。
④ 亲爱的天乐，你的真实想法真的是你是一名少先队员吗？你的真实想法到底是什么？写下来即可。作文就是说话，不是另一套语言系统，真情实感更动人。
⑤ "100元钱"上升不到"拿走他人的劳动成果"这个问题上来，到底是因为什么呢？好好想想。
⑥ 还是个"小朋友"啊？小同学更好。小时候唱的歌还能回想起来吗？
⑦ 会不会感到脸红，不好意思看那个阿姨？

己的劳动来获得收入,不能靠偷盗等手段;第二,当你意识到犯了错误,要第一时间及时改正。这两点太重要了。这件事真让我难忘啊!⑧

⑧ 这仿佛是一次品格的考验,是一节真正的品德课。

总评:天乐,这篇文章人物的心理活动刻画得很生动,有很大进步噢!还想和你沟通两点。一是写作就是记录生活的点滴,说想说的话。好的文章都有不得不写的理由。比如这篇文章,你自己体验到了这其中的道理一二,觉得跟其他发生过的事情有些不同,而且感受特别深切,就写下来作为记录,因为这个原因,才提起笔来写文章。所以,你写东西首先是给自己看的,并不是站在哪个舞台上念文章给人听,非要说一些冠冕堂皇的话。你究竟是怎样想的,就真实地写下来。美的,首先是真的。自己不相信的句子,也不能让别人相信。另外一点,就是还要多阅读,多实践。你在文章中使用的语词才会更丰富、更贴切。不是什么时候都用"兴高采烈"的,"小朋友"和"小同学"之间也是有不同的。你读得多了,储存得多了,自然就有好的语感了,写起文章来就会更顺手了。

修改篇 2

旅行中的那次考验

高天乐

大家都出去旅游过吧!我也一样。有人说生命恰似一次旅行,这其中发生的每一件事,都在人生的必经之路上。有那么一件事让我至今难忘。

在暑假中,爸爸、妈妈和我一起去了五台山,住进了宾馆。一天中午,妈妈叫我到外面买几瓶水。终于不用闷在酒店,我飞也似的跑了出去。

在回来的路上，我走得很急。心想：赶快回到宾馆去，妈妈还等着呢！就在这时，有一个阿姨从我身边匆匆走过，我忽然发现，从阿姨的上衣口袋中掉出了一张100元的钞票，便停下了脚步。我看着地上的钱，又看着远去的阿姨。心想：我是把钱还回去呢？还是自己留下来呢？接着，又四下看看，没有发现过往行人，于是心想：还是我自己留下来吧，又没有人看见。

我按捺住七上八下的心情，屏住呼吸，正要把刚刚捡起来的100元钱放入口袋中时，又陷入了沉思：钱是阿姨的，虽然没有被路人发现，我可以把钱拿走，可那是小偷的行为！如果今天将这100元钱放进了自己的口袋，我就成了一个不诚实的人。我长这么大，从来没有做过什么不光彩的事。虽然没有谁会看到，但我自己知道，心里不会好受。我不能这样做，今天不能，以后也不能。想到这里，我马上向掉钱阿姨的方向跑去，追到后，我气喘吁吁地说："阿姨，您的钱刚才掉了，给您。"阿姨这时一摸口袋，钱还真是少了，连忙说："谢谢你啊，小同学，你真是一个好孩子。"

"不用谢。"说完我转身就飞快地跑走了。当时，我也很不好意思，为自己曾有过的不光彩想法而羞愧，我感到两颊发烫，不好意思看那个阿姨。

在回来的路上，那首儿时的歌儿在我耳边不停回响——"我在马路边，捡到一分钱……"我在心里松了一口气。我想，这件事给了我两个启示：第一，要靠自己的劳动来获得收入，不能靠偷盗等手段；第二，当你意识到犯了错误，要第一时间及时改正。这两点太重要了。这对我来说，仿佛是一次品格的测验，我为我的选择感到荣耀。而这件事也永远镌刻进我的记忆里，让我难忘。

草稿篇 3

那浓浓的母爱

哈斯尔

今天我起了个大早,一出屋门就看见我家的小猫咪微眯着眼,斜着小脑袋,对我"喵喵喵"地叫,好像在说"哥哥,早上好"。①我揉了揉自己蒙眬的眼睛,又蹲下来往它身上乱揉一通,把它毛发都揉乱了,再朝它笑了笑,算是打了个招呼。似乎这个招呼令它不太满意,它又甩了甩身子,傲娇地从我身边走过。②我抬头望向钟表,心里感叹自己似乎起早了,随后我小心翼翼地走向洗漱间,担心自己不小心会把爸爸妈妈吵醒,因为我想让他们能够多休息一会儿。

又过了一会儿,我洗漱完看了下时间,发现时间真如白驹过隙③,一眨眼都 6:55 了。心里猛地一跳④,感觉自己一瞬间就变成了百米冲刺超人博尔特,冲到房间去叫妈妈,然而出乎我的意料,妈妈竟然不在房间里⑤。这让我有点不知所措,站在了客厅,有点迷茫。⑥忽然,我听到了客厅的门有了动静,我满怀期待地望过去,果然是妈妈!⑦我跑过去,刚想问她这到底怎么回事,为什么她会不在家。却发现妈妈气喘吁吁的,她对我说:"我起来看你还在睡觉,想到昨天你学习也学得挺晚的,就让你再睡会儿,我去给你买早点了。现在你快收拾收拾,趁热吃点儿去上学吧!"

听完妈妈的话,我心里特别温暖和感动,⑧在我成长的道路上,爸爸妈妈是最重要的参与者,总是在我想不到的地方为我付出。这些看似简单的点点滴滴组成了我生活中最温馨的画面。我希望通过这篇文章,向妈妈表达我对她的爱和感谢——谢谢

① 小猫这一段儿写得真好。可是我建议删除。你思考一下,它与主题的关系是什么?有不得不写下来的理由吗?如果你不舍得删除,那就想好为什么写这一段,并修改。

② "傲娇"这个词是新兴的网络词语,你能用别的方式写出这个词的意思吗?

③ 敢于尝试使用新学到的词也是值得鼓励的。但是,你觉得"白驹过隙"用在这里恰当吗?这就像外国人使用中国词,查词典都对,用起来就不对了。

④ 怎么了呢? 你心里猛地一跳,想到了什么? 写出细节来。

⑤ 妈妈不在的家里与平日里的早晨有什么不同? 写下场景。

⑥ 迷茫什么呢? 是因为没有早餐,还是因为上学要迟到了?

⑦ 此时再上下打量一番你的妈妈,联想这么多年来的每一个早晨,心中一定有不尽的感慨……

⑧ 这温暖,这感动,并不一定要直白地表达出来,想想怎么写更好?

你，我的好妈妈。

总评：哈斯尔，你写文章进步很大啊！文章选取妈妈为你买早餐这件小事，写出了父母对你十年如一日的简单爱，选材并不是多新颖，却正适合写母爱，因为母爱恰恰就在点滴之中，如涓涓细流般细腻。当然，更感到欣慰的是班级年纪最小的你，已经对妈妈的爱有如此真切的感受力，懂事了。如果说建议，希望你能根据要表达的主题来决定详略。写字、画画有"疏可走马，密不透风"的说法，写作也是如此，在不该详写的地方，就应该一笔带过，甚至不写。在该刻画的细节处，你一定要多着笔墨，仔细描画。让读文章的人也感同身受，产生情感的共鸣。另一点是关于文章逻辑，我能半读半猜你想表达的意思，但还有很多处不能做到上挂下联，文章意思不通畅。建议写完之后多读读，一篇文章写完，也可以"冷却"一下再读，读完再修改。

修改篇3

那浓浓的母爱

哈斯尔

今天我起了个大早，一出屋门就看见我家的小猫咪微眯着眼，斜着小脑袋，对我"喵喵喵"地叫，好像在说"哥哥，早上好"。我揉了揉自己蒙眬的眼睛，又蹲下来往它身上乱揉一通，把它毛发都揉乱了，再朝它笑了笑，算是打了个招呼。似乎这个招呼让它受宠若惊，它害羞了，居然甩了甩身子，假装高傲地从我身边走过去了。就是这样一个早晨，不仅小猫咪，身边的一切都仍在睡梦中，呈现出静寂、可爱的样子。我抬头望向钟表，心里感叹自己似乎起早了，但是心中有小小的得意。随后我小心翼翼地走向洗漱间,担心自己不小心会把爸爸妈妈吵醒,因为我想让他们能够多休息一会儿。

在享受着一个人的宁静中,不知不觉我洗漱完,抬头瞄了下时间,心里猛地一跳,这都已经6:55了,马上就要出门去上学了,可是早餐在哪里?校服在哪里?鞋子在哪里?我开始着急了。心想:完了,起这么早,还要迟到吗?必须赶快叫醒妈妈了。我化身百米冲刺超人博尔特,冲到房间去叫妈妈,然而出乎我的意料,妈妈竟然不在房间里。这让我有点不知所措,站在了客厅,有点迷茫。忽然,我听到了客厅的门有了动静,我满怀期待地望过去,果然是妈妈!我跑过去,刚想问她这到底怎么回事,为什么她会不在家,却发现妈妈气喘吁吁的,她对我说:"我起来看你还在睡觉,想到昨天你学习也学得挺晚的,就想让你再睡会儿,我去给你买早点了。现在你快收拾收拾,趁热吃点儿去上学吧!"

听完妈妈的话,我心里特别温暖和感动,以前妈妈每天早晨都在家,而我也总是能在起床后就吃上热腾腾的早餐,有条不紊地去上学。可是,今天妈妈只离开了一小会儿,就让我感觉到了完全不一样的一个早晨,很多我以前没有注意到的小细节在这一天都暴露了。内心惶恐、慌乱的一个早上,让我一方面对自己的自理能力感到沮丧;另一方面,我突然意识到妈妈每天的付出就是在这些看似平常的点点滴滴中体现的,这种爱虽渺小,却也伟大。在我成长的道路上,爸爸妈妈是最重要的参与者,总是在我想不到的地方为我付出。这些看似简单的点点滴滴组成了我生活中最温馨的画面。我希望通过这篇文章,向妈妈表达我对她的爱和感谢——谢谢你,我的好妈妈。

草稿篇 4

突 破 自 我①

邱美延

今天,我们田径队去海淀体育馆参加海淀区田径比赛。

我报了两个项目,一个是 60 米短跑,一个是跳远。虽然我的 60 米短跑没能进决赛,但是跳远比赛的结果令我喜极而泣。②

跳远预赛开始,我的第一跳还不知道成绩,但应该还不错。

第二跳开始,我跳过去的那一刹那,裁判举了红旗:"脚过板了!犯规!"这句话好似晴天一道霹雳划过。我听完这句话把起跳标志往后挪了一脚半,我等于失去了一次机会!于是我坐地上哭了起来,我只有最后一次机会了!我哭得非常伤心,今天,我这个"女汉子"再坚强也哭了!③

"不要哭了,来,我告诉你动作要领。"姚嘉茜走过来搂住了我。④"1715 号,清华附小,邱美延,上道!"我上了道。"开始最后一跳!"这一跳很重要,如果发挥好了可以进决赛,也就是进前 8 名,然后再比出最后的名次。我再回想一遍动作要领,想完了,我开始助跑……踏板!跳!3 米 67!成功进入决赛!

决赛开始,我听见看台上田径队的队友们都在为我加油!⑤我助跑,加速!同学们的欢呼声和风声混合在一起,我风似的冲过去,踏板!3 米 71!"好样的!""邱美延,强悍!"台上田径队的同学纷纷喊道。第二跳开始!3 米 81!居然又进步了!下面是最后一跳!也是决定我"命运"的最后一跳!我能否进步?

"1715 号,最后一跳!开始!"我想好动作要领,开始了我的最后一跳!开始加速,踏板!跳!!!4 米 1!⑥我的最高纪录!

---

① 文章题目与内容之间的关系是什么?"突破自我"在文中有没有文字内容上的体现?如果是这个题目,那么结尾不要太长了。

② 第一、二自然段合并是不是更好?

③ 当时你一定是很伤心,而且有点儿害怕,有点儿紧张。像这样用简单的几个词写心情,你觉得读起来有滋味儿吗?我倒是愿意看你对心情的描述——"好似一道霹雳划过"。你试试将心里的感受描述出来,而不是简单地说"非常伤心"。

④ 她真是一个好朋友,她是怎样教你动作要领的?别的同学可没有上来教你。将这个细节写具体,为后文说"友谊"打底。

⑤ 令人感动的队友们。他们为你加油,你心中的感受是什么?此处不写,后文就不好直接说"友谊"。

⑥ 全文使用了很多的叹号,我猜你想起这件事仍然非常激动。但,用文字来写下心情会更动人吧。

裁判惊讶地说："天啊,满板!"看台上别的学校的学生们惊讶得把眼睛瞪得圆溜溜,"哇!",田径队的同学们为我欢呼!就这样,我获得了海淀区第3名!我喜极而泣,去年我是第20多名,这次突破自己的纪录!第3名呀!

<u>要勇敢地面对挫折,关键时刻要调整好心态,我今天不只收获了友情、好名次,还收获了道理!</u>⑦

⑦ 这样排序更合适:名次、道理、友情。

总评:美延,这篇文章没有着意写心情,却处处流露出你的心情,这种写法比较独特。从这样的写法中,可看出你是一个情感充沛而细腻的人,拥有这样特质的人常常能将文章写得很好。当我阅读你的文章,就仿佛跟随你走进了你的内心世界,经历一场情感变化的洪流。当然,文章写在事情发生后,就需要你有控制地表达。一是结构上既做到完整,更考虑详略。那么,哪一跳是要详细写的?而关键时刻的心态是怎么调整的?这一点是结尾中的重要内容,而前文没有写。有控制地表达,还包括细节,比如叹号,哪一处真的需要使用叹号?而其他地方是可以删除的?哪些心理活动、语言、动作等需要细节刻画?最后,还要思考,你最想表达的主题是什么?收获友谊、取得名次、收获道理怎么编织到一起?期待你的修改稿。

修改篇4

突破自我

邱美延

今天,我们田径队去海淀体育馆参加海淀区田径比赛。我报了两个项目,一个是60米短跑,一个是跳远。虽然我的60米短跑没能进决赛,但是跳远比赛的结果令我喜极而泣。

跳远预赛开始,我的第一跳还不知道成绩,但应该还不错。

第二跳开始,我跳过去的那一刹那,裁判举了红旗:"脚过板了!犯规!"这句话好似晴天一道霹雳划过,浑身忍不住微微颤抖,心惊肉跳。我茫然不知所措,只得把起跳标志往后挪了一脚半。我犯规了,失去了一次宝贵的机会,只剩最后一跳了,难卜吉凶啊!想到这儿,我的泪水再也忍不住,夺眶而出。我一屁股坐在地上哭了起来,盯着自己的双脚,不停地埋怨它们:"居然犯规了,你们怎么这么傻啊!"

我正哭得昏天黑地时,忽然一双脚停在我眼前。谁?我一点点向上看,深蓝色的长裤,长长的腿,一张黝黑的圆脸儿。原来是我的好朋友姚嘉茜。她皱着眉,流着眼泪,像往常一样鼓着嘴,也坐了下来说:"你犯规了,而我摔倒了。我们俩真是同病相怜。"说完,她搂住了我,陪着我哭起来。不知怎么的,我们哭着哭着就笑了。我们忽然意识到,不能再哭了,还要重整旗鼓,比赛还在等着我们呢!在我们又回顾了一遍动作要领后,只听裁判在喊:"1715号,清华附小,邱美延,上道!"我上了道。我在心里告诉自己:这一跳很重要,如果发挥好了可以进决赛,也就是进前8名,然后再比出最后的名次。我望了一眼姚嘉茜,她对我点点头。我心中仿佛充满了无穷的力量,开始助跑、踏板、起跳——3米67!哇,我成功进入决赛了!

决赛开始,我听见看台上田径队的队友们都在为我加油,欢呼声和风声混合在一起,使我充满信心。我风似的冲过去,居然跳出了3米71。"好样的!""邱美延,强悍!"台上田径队的同学纷纷喊道。第二跳开始,3米81,居然又进步了。该最后一跳了,这是决定性的最后一跳,我能否再次突破自己?

"1715号,最后一跳,开始——"我再次回顾动作要领,开始了我的最后一跳。身后那些为我加油的同学们,我的好朋友姚嘉茜,更有这么多天来,一直陪伴我的老师,我一定不会辜负你们的。我开始加速,踏板,起跳——4米1,我的最高纪录!裁判惊讶地说:"天啊,满板!"看台上别的学校的学生们惊讶得把眼睛瞪得圆溜溜的,田径队的同学们为我欢呼。就这样,我获得了海淀区第3名!我喜极而泣,去年我是第20多名,这次突破了自己的纪录。

当我自豪地举着奖牌和证书站在升旗台上时,我深深地懂得,我不仅仅是突破了自己的纪录,这种对自己的突破,更是一种面对挫折时的勇敢,它让我知道了在面对困难时,自己要调整好心态。当然,除了自己,朋友的支持也给了我强大的力量。

草稿篇 5

想起那件事,我就感动

杨子民

今天放学,我来到校门口,发现姑姑竟然来了,把我接到了爸爸的办公室。爸爸让我写作业,我觉得有点古怪:平时负责接我的妈妈去哪儿了?

我虽然疑惑,但没再想这件事,回家写起作业来。直到妹妹也回到办公室,哭着喊着问妈妈在哪儿,<u>爸爸才迫不得已说妈妈回老家探亲了。</u>①

<u>这时,我意识到一个问题,妈妈不在家,爸爸又说男人不准去厨房!</u>②<u>我和妹妹怎么办呀?</u>③于是,我就在这天晚上定了一个闹钟,把我第二天早上要穿的衣服都放好,心想:爸爸平时太忙了,没时间照顾我们,他肯定不知道怎么照顾我们,只能靠我们自己了。

第二天清晨,闹铃响了,我醒了,发现爸爸竟然早就起了床,而且还在厨房里!这在我看来,简直是太阳从西边出来了。<u>我睁着蒙眬的睡眼,从门缝中看到爸爸做饭时的背影,我那亲爱的</u>

① 他告诉你们的时候是怎样的神情?怎么说的?写下来,据此我们可以了解他对于你妈妈回老家,自己照顾你们,有没有把握。

② 哈哈,真是歪理邪说。具体引自哪一句名言,写下来。并对爸爸的这种说法做一点儿评论,对塑造人物形象有益。

③ 谁来帮我们……谁来帮我们……谁来帮我们……一连串的排比,可以凸显你们兄妹俩此时的担忧。

第一章　记事篇

④ 写写他两只手分别有什么样的动作,可能很笨拙吧?
⑤ 鸡蛋煎糊了,爸爸什么反应,手下的动作是怎样的?与做实验有什么一样和不一样?
⑥ 这一句应该放在哪儿合适?
⑦ 缺少过渡,这么快就吃上鸡蛋了?
⑧ 结尾结得太浅,题目的关键词是"感动",你的感动如何渲染?可以回应一下之前爸爸一直坚持的男人不下厨房,再细细琢磨琢磨,如今的他怎么进厨房了?

科学家爸爸正披着睡衣站在灶台前,头发乱糟糟的,整个人影是一个圆。④我猜想他应该是在做鸡蛋,因为他只会做鸡蛋。不一会儿,一股浓烟从厨房里飘了出来,紧跟着一股焦煳味儿飘进了卧室。⑤原来爸爸把鸡蛋做煳了! 爸爸做鸡蛋就像是做实验一样,小心翼翼的。⑥

吃着爸爸亲手做的鸡蛋,虽然煳了,但是这是爸爸用爱做的鸡蛋。⑦虽然不好吃,但我也一口口吃完了。⑧

总评:子民,你的文章一向是科学领域的思考,视角很独特。没想到,你也会写下如此感人的文章,更多了些人文的情怀,这是极好的,极完整的。从文章选材上来看,你能够选取一件很细小很平常的事情来写你感受到的父爱,这是很平实、动人的。当然,这件事情对"科学家爸爸"来说可不是一件易事。写法上,你将这件小事写出了波折,首先是妈妈回老家,兄妹俩心里没了着落,想着爸爸不会照顾,只能靠自己了。却没有想到,爸爸早早起床做早餐了。心中正感动,爸爸的煎蛋却煎煳了。但最后,你们从略带苦味儿的鸡蛋中尝到了爸爸的爱。读这篇文章,我想到了朱自清先生的《背影》,希望你也能将父亲做饭的背影一点一点细细地写,一个个动作里都藏着爱啊! 不仅动作,文中的父亲还没有表情、动作呢! 那么自信,在你心中很伟大的科学家,面对一盘做煳了的鸡蛋,是怎样的挫败和愧疚? 这不也是很可爱、真实的一面吗?

修改篇 5

想起那件事,我就感动

杨子民

今天放学,我来到校门口,发现我的姑姑竟然来了,把我接到了爸爸的办公室。爸爸让我写作业,我觉得有点古怪:平时负责来接我的妈妈去哪儿了？

　　我虽然疑惑，但没再想这件事，继续写起作业来。直到妹妹回到办公室，哭着喊着问妈妈在哪儿，爸爸才迫不得已说妈妈回老家了。原来从小养妈妈的外婆身子不好了，可能熬不过这几天了，妈妈怎么会不去看看呢。他看着妹妹哭，居然叹了口气，那样子仿佛自己也要和妹妹一起伤心似的，谁来照顾我们呢？

　　这时，我意识到一个问题，妈妈不在家，爸爸又说"君子远庖厨"，作为君子的男人是不准去厨房的，除了他要进厨房抽烟的时候。虽然是歪理邪说，但妈妈确实没有让他去厨房做过饭。这下可不好了，我和妹妹怎么办呀？谁来帮我们做早、晚饭呢？难道要每顿吃食堂？想到这儿，我就慌了，妈妈不在家的这些天我们兄妹俩将要怎样挨过去呢？于是，我就在这天晚上定了闹钟，把我第二天早上要穿的衣服都放好，心想：我爸爸平时太忙了，不懂得照顾我，那就只能靠我自己了。

　　第二天清晨，闹铃响了，我醒了，发现爸爸竟然早就起了床，而且还在厨房里！这于我而言，简直是太阳从西边出来了。我从门缝中看到爸爸做饭时的背影，在这个时候，他没有了科学家高大的背影，他披着睡衣站在灶台前，头发乱糟糟的，整个人影是圆形的。左手扶着锅，右手拿着铲，身体歪斜着，好像怕油溅出来似的躲着，手下还笨拙地翻动着。爸爸做饭就像是做实验一样，小心翼翼的。原来，爸爸正在做鸡蛋。不一会儿，一股浓烟从厨房里飘了出来，只见爸爸手忙脚乱，不知道该怎么办才好，吓得赶紧关了火，看来爸爸把鸡蛋做煳了！其实，他只会做鸡蛋。

　　终于，早餐上桌了。我吃着爸爸亲手做的鸡蛋，虽然煳了，但这是爸爸用爱做的鸡蛋。虽然苦苦的，但我也一口口吃完了。

后来我才知道，"君子远庖厨"，这个听起来像是男人应该远离厨房，但其实说的是一种君子不忍杀生的心理状态罢了。

也不知道我爸爸究竟是怎么想的，但是他能为我去努力做一顿饭，我就很感动。我相信，为了我们兄妹，他可能去做很多他并不情愿去做的事情。

佳作欣赏

枪　　战

吕济舟

"六一儿童节下午放假！"一听到这个消息，我们班的同学就如同见到大米的老鼠一般兴奋地上蹿下跳。不一会儿，兴奋的情绪变为了激烈的讨论——"六一儿童节"去哪儿玩。虽然一开始大家各执己见，但最后还是达成共识，那就是去公园打枪战。

在这阳光明媚的六一儿童节，我们一行人全副武装地前往了八家郊野公园。到了公园，我们先分拨儿，我在"攻"的一方。对战开始了，我们首先来了一阵猛攻，开始连发子弹。子弹如同一道密不透风的墙一般向前推进。但"敌方"也不是容易打着的，只见他们左躲右闪，而且他们的阵前有一个石堆，子弹要么打在石堆上，要么被他们躲闪而过，几乎一发未中。但这些时间已经足够我们冲到石堆后，只差几步，我们就可以到达他们的阵地了。

虽然我们离胜利只有一步之遥，可只要我们一露头，迎接我们的便是如冰雹般的枪林弹雨。我们只得采用"盲打"的策略，子弹在空中划出一道道完美的弧线。过了一会儿，只听一声惨叫，对方的一个人中弹"身亡"了。借此机会，我们大喊一声"冲啊！"便飞也似的向他们的阵地冲去。他们一回头，只看到阵地中的我们，脸上流露出失望的表情。

输了就输了，没什么好伤心的。这只不过是场游戏，只要玩儿得开心就好。"敌我"双方拥抱在一起，无比开怀，这就是童年，这就是游戏，这就是我们的全部世界！

元宵节之行

贾雨彤

今天是元宵节,我和妈妈坐地铁去了什刹海公园。

什刹海公园在西城区西北部,由前海、后海和西海三个相连的湖泊组成。什刹海是具有民俗文化的老北京特色的传统风景区,是夏日泛舟、冬季溜冰的游乐场所。什刹海的秀丽风光曾吸引历史上的王公贵族争相在这里修建宅邸,其中著名的有前海西街的恭王府,后海北岸的醇王府,宋庆龄先生和一代文化名人郭沫若先生,以及著名的京剧名旦梅兰芳先生,都曾经在这里居住过。这里有典型的胡同、四合院,大小金丝胡同,南、北官方胡同和鸦儿胡同、白米斜街、烟袋斜街等。

我们首先来到了烟袋斜街,这里有老北京的小吃和各种老物件。因为今天是元宵节,一路还有卖元宵的,排队买元宵的人还真不少,烟袋斜街里有个民俗小店"京扇子",里面有各式扇子,扇骨和扇面都很有特点。对面有卖油炸臭豆腐的。哎呀,可真臭啊,我买了两盒,吃起来却好吃。

我们一路走,沿着河把北京小吃吃了个遍,妈妈说我是个"小吃货"。不过我最喜欢的还是那买了舍不得吃的"糖人"了,卖糖人的是个叔叔,他说我想要什么动物他就画什么动物,因为我是属"鸡"的,就让叔叔帮我画一只糖"鸡"。叔叔拿了一个勺子从锅里舀出一勺糖浆,滴在铁板上。只见他的手左摇摇,右晃晃,像快笔疾书,糖丝儿时而细如头发丝,时而粗如手指。糖浆缓缓落下,有的像沙堆一点点堆积,有的像羽毛落到地上那般轻柔。叔叔画天书般地画着,没等糖浆受冷凝固,一只糖"鸡"就画好了。过了一会儿,糖浆凝固了、变硬了。叔叔将糖"鸡"铲下,包装好拿给了我,好漂亮的糖人,这虽然是可以吃的,但它太漂亮了,我实在舍不得吃。

今天我吃了很多老北京的小吃,也看了很多老北京的物件。现在,北京的都市味越来越浓了,能看到老北京旧时民风的地方也越来越少了,但愿什刹海这道风景线,能够一直保存下去。2017年元宵节再见。

难忘那一夜

杨　朴

在我的记忆中有些事就像沙滩上的脚印,海浪一卷便消失了,但有些事就如海底的珊瑚丛,永远鲜亮。其中有一丛珊瑚最大、最美,那就是这件事。

那是一个寒冷的夜晚,北风呜呜地吹着。我一个人孤单地走着回家,这时已经是大半夜了。刚刚打完比赛的我已是饥肠辘辘了。我本想家里应该没有什么饭了,打算就把一些熟食和饭混合着吃几口,垫补一下就行。当我半走半爬到了六楼的家时,刚一打开门,便有一股香气扑面而来,只见厨房里有人正在做饭,我正要回屋,只听见妈妈那沙哑而又疲倦的声音说:"儿子,没有吃饭吧?洗手,休息一下,妈妈马上就做好了,你再等一下哦。"

我被惊呆了,想不到在这大半夜里妈妈竟会为我准备饭。这时,妈妈推开厨房端出那一碗热气腾腾的面。我看着妈妈,头上戴着一顶厨师帽,两个眼角都布满了浅浅的鱼尾纹,两只手也粗糙了。她的面容在厨房的热气下显得十分疲惫,头发因为我做饭都被汗水浸湿了。

我吃着面回想着过往。天天早上起床给我做饭的不是她吗?每次洗衣服的不是她吗?我的事又有哪一件不是她帮我做的?妈妈啊,您让我感动不已。

这件事过去很久了，却一直留在我的记忆中，感动着我，温暖着我。

拔 河 比 赛

张济楷

终于到了拔河比赛这天了。一想到一场激动人心的拔河比赛就要开始，整个年级都充斥着一股紧张的气氛。

上课时，我们得知第一个对手是六班，轻松的心便悬起来了：六班中可是有不少身强力壮的同学啊！一个上午，何老师都在精心为我们查找和讲解拔河视频等资料。我们似乎有了底气，心慢慢回到原位。

下午大课间——惊心动魄的拔河比赛转瞬就到了。我们在赛场上见到了六班的同学，他们可真壮，我们的心又一下子扑腾到了嗓子眼。随着"呜"的一声哨子吹响，我们牢牢地抓住绳子一点一点地往后拉。可对手的力气太大了，手中的绳子在一点一点往前滑。手心传来一阵剧痛，真想撒手！坚持、坚持、坚持就是胜利！老师说过，我们没劲儿的时候，对手也一定没劲了，这个时候谁坚持，谁得胜！想到这，我咬紧牙关突然一使劲，其他同学好像也突然一使劲，绳子被我们拔了过来。我们这儿爆发出震耳欲聋的欢呼声……

第二局我们的对手是一班。我们心里一点底都没有，但老师似乎早就知道我们能赢，看见老师轻松的样子，我们也有了点把握，居然真的轻轻松松地取得这局的胜利，闯入了决赛！

最后一局，我们对阵三班，这个消息，令我们不寒而栗！三班赢过我们多次，但是，这次结果是否会被改写呢？

哨子尖锐的声音点燃了已经处于白热化的拔河比赛。我们还没有准备好，全班同学都被对手快拉了过去。我的心都快跳了出来,老师在一边跳了起来,大声喊道:"倒,往后倒,往后倒!"费了九牛二虎之力,我们勉强保住了平衡。这个时候,我已经腰酸背痛、精疲力竭了。场外人声鼎沸,何老师边大声呼喊"加油"边将那面红旗挥舞得呼呼作响。大家的加油声好像将力量一点点灌进了我的身体里,我随着加油的节拍不断地给自己鼓劲:"坚持、坚持、坚持!"绳子在不停地摇摆,慢慢地、慢慢地向我们这边"爬"过来,只听见杨朴一声大喊:"我们胜利啦!"

同学们互相拥抱着、欢呼着……我一屁股坐在草地上,看着孟庆杰激动得满场乱跑,咧开嘴笑了,胜利真好,坚持才能胜利!

老师把我领回家

雷明钰

生活中,有很多事都令我难以忘怀,但给我印象最深的便是老师把我领回家这件事。

昨天晚上,我回到家,放下书包开始写作业。刚写到一半,我抬头看了看表,发现时间不多了,便拿起日记本,准备写日记。我想来想去,就是不知道写什么好,本来想问妈妈,但是她在哄妹妹睡觉,就没有去问,这项作业也就没有再做了。

第二天,我来到学校,担忧地坐在了座位上,生怕老师批评我。但同时,我也很自责,别的同学的作文可以在班级读给大家听,为什么我的作文不行呢?我的心中还有一丝委屈,我的妈妈为什么不能帮我指导一下呢?

放学时,老师让我留下来写作业。看着学科班的同学快快乐乐地走进教室,我突然觉得很孤独。我先做了一点儿简单的作业——试卷改错。正当我准备写日记的时候,一个身影突然站在我面前,我向上一看,原来是何老师。她趴在我耳边轻轻地说:"要不去我家写作业吧,正好我也要回家,挺近的,就在学校旁边。"我望着老师带着笑容的眼睛,简直不能相信。老师见我没有回答,就又说:"你还没去过我家呢,去看看吧!"我也就答应了,心中仍是担忧:老师现在不批评我,会不会到家再批评啊?

一路上,何老师跟我说了很多关于作文的事情,我也知道了日记怎么写。到了老师家里,我便放下书包开始写。我静悄悄地写着,老师也在旁边静静地干家务,只听得见时钟嘀嗒嘀嗒的响声。时间一点点过去了,很快,我就写完了,这速度比在家里快多了呢!

这就是我最难忘的一件事。亲爱的老师,我明白了您的心意,虽然您没有批评我,但我心里比您批评我还难受。以后我要像今天一样很快地写完作业,再也不会磨磨蹭蹭了。

一次小创作

张睿楠

今天,我邀请两位好朋友来我家一起写作业。

我们认真地写,很快就写完了。突然我的一个好朋友盯着我家三块空空如也的衣柜白板和我说:"这就是传说中可以随意画画的白板吗?"我自豪地点点头说:"对。"听了我的回答后,她兴奋地跳了起来说:"那我们也画点什么吧。"

我正在想画点儿什么时,我的那个好朋友已经在她可以触到的位置画上漂亮的花朵,女生喜欢画花,可我们男生不喜欢。后来我对另外一个个子比较高的好朋友说:"她画中间,那我们就画上边和下边,组合起来是一张大画就漂亮了。"画上面的同学在第一块画板上面画了天空、火箭和星球。而我在下面画了矿工在地下采矿的场景。妈妈说看上去像个世界,有天空、有大地,还有地下……"给你们的画起个名字吧。"听到这,我们异口同声地说："'世界',对,就叫'世界'。"

我们开始真正地商量怎么完成后面的两块白板。我们3个人一起分工,有创意的我改画外太空,而喜欢画画并且画功细致的女同学画地面,最后由班里这位很有耐心的男同学画地下。女同学继续画着漂亮的花朵儿,一点一点画得越来越多,我都不认识,她就告诉我哪是雪莲,哪是荷花,还有竹子,居然还画了冰激凌、沙滩、雪花,画了一枝花一直连接到天空,她说那是她自己,她想到天上去看看。而我站在凳子上画宇宙,我画了一个月球,给她讲月球是什么样子。我在月球旁边布置了很多小星星,有很多外星人到地球上来做客。我还画了黑洞,因为我也想通过黑洞到其他星球去做客。我们画得正开心时,向下一看,我的另外一位又高又胖的好朋友竟然躺在地上,钻进我站的凳子底下耐心、专注地画着地下隧道。他的姿势把我和那位女同学逗得哈哈大笑,可专注思考着的他,似乎没有感受到我们的笑。

我们继续一点一点地往后画。就这样,我站在椅子上画,那位男同学在我的椅子底下画。女同学站在地上,偶尔也坐在躺在地上的同学的身上画。最后我们又共同创作了"海底世界"。我和女孩一起画海草,另外一位男同学画着各种鱼、海星。我们相互探讨、相互学习,有说有笑地画完了白板最后的一块空地,由女同学写上了主题——"世界",我们作为作者依次签名。

我心中想:这就是我们心中的世界,世界上还有很多很多的东西,我们要慢慢去看。世界是非常大的,未知的东西还有很多。我希望随着经历的丰富,我们会创作出更丰富的世界。

我们一起烤饼干

周一琳

我认为,人与人之间就像烘焙饼干一样,从最开始的惊喜期盼,到中间的忐忑不安;从品尝饼干时的甜蜜幸福,到最后舌间余味环绕,一切都是那么的美好。

今天,老师在我们没有任何准备的情况下告诉了我们一个令人振奋的消息——今天我们要烤饼干了!由于这是我第一次烤饼干,我的心中十分紧张,却又十分向往。

老师亲自上阵,将黄油、白糖、红糖搅拌在了一起,一种甜蜜蜜的滋味在我的鼻尖蔓延,接着一个鸡蛋打了进去,然后又放进了一些香草精。香草是我最爱吃的口味,我立马就想到了在那盛夏时与楚玥、九毓、鹤恬、子惟一起吃冰淇淋的事情,我的嘴角顿时弯了起来。

终于到了我大显身手的时间了,老师将那面球揪成一个个小面团给我们,小小的面团映入我的眼帘,扑鼻的香气让我觉得心旷神怡,在那一刻,它仿佛成为了我的全部。要把它做成什么样子呢?圆形、三角形、还是正方形?一个个想法在我脑海中徘徊,却又一个个被我否定,因为我要让它独一无二。最终,我确定了形状——蝴蝶结形。蝴蝶结,那是两颗爱心互相牵绊着密不可分,就如我和朋友们的友情一样。饼干的外面没有一颗巧克力豆,我早已将那象征幸福的巧克力豆小心翼翼地放到了饼干的深处,因为我觉得表面上的幸福是最容易被吞食,最容易消逝,是最短暂的东西,只有埋在骨子里的幸福才最令人回味,饼干也是如此。最开始吃到的巧克力豆不会给人太多的甜蜜感,只有在一口口咬完饼干后,吃到那一颗小小的巧克力豆才更令人回味,更刻骨铭心。

我轻轻地将那瓷娃娃般的小面团捧在手里,像一个工匠对待装饰品一样精雕细刻。我的眼睛紧紧盯着它,生怕下一秒就磕着碰着它了,一点、一点、一下、一下。在我笨拙的双手中,它终于成了我想要的样子,老师要开始烘焙饼干了,我的目光尾随着小面团很久很久,一会儿它就不再只是那个小面团了。

明天,太阳依旧东升西落,附小的园子中也将会有一批一批新的学生,而我们也将在半年后,各奔东西了,这是无法改变的事实。饼干的美好至今仍令我回味无穷,每当想起它,我就会想起那如烘焙饼干般的小学生涯,令我难以忘却,回味一生!

捉 虾 记

张济楷

在老家的房子后面有一条小溪,其水清澈见底,经常见到一群小虾在溪边悠闲地晒着太阳。运气好的时候还能看见一两条小鱼或者泥鳅。我的小心脏经常被它们撩拨得扑通扑通的……

摸鱼捉虾是一个正常小男孩的必修课,尤其是在一个没有补习班,只有白云和太阳的南方乡村的下午,我似乎已经感到小虾在手心里噼啪跳动时带来的酥痒的微弱电流了。

我和小伙伴跪在沟边,静悄悄地等待着,很有一点"独坐池塘如虎踞"的感觉。小鱼虾似乎也接收到了这种腾腾的杀气,平时四处可见的猎物居然一只也看不到了,空余沟底微风荡起的涟漪。

等了一会儿,我和小伙伴们都不耐烦了。小伙伴开始一个一个地扔鞭炮玩,哔啵哔啵的声音很烦人。我还在瞪着眼睛使劲巡视着水面,突然一个主意冒上心头:点燃一个"虎炮"丢进水里。还没到底鞭炮便炸开了,水面上泛起红色的鞭炮屑,略微浑浊了一些。一条小鱼似乎被惊吓到了,没头没脑地从藏身之处慌慌张张地蹿了出来,"捉住它、捉住它",小伙伴们趴在溪边大声吆喝,小鱼轻巧地在我手腕上划过,倏地不见了,我倒被吵晕了。

小伙伴开始往小溪里投掷鞭炮。有的在空中就爆开,红屑翻飞;有的悄无声息地潜入水底,大有一种千年古船的风韵。能够在水里爆炸的鞭炮很少,大概浪费了一盒,终于有一个成功地在水中引起了"骚动",这次悲催的是一只没头没脑的小虾,它躬身一跳,刚好蹦跶到我即将合拢的手里。我可不会承认是它晕了头,也不是我的运气好,是技术,技术好!

可惜技术和运气同时爆发后又陷于沉寂,清澈的小溪被无数次搅浑后也只有一只没头没脑的小虾蜷缩在大碗里在标记着我的战绩。晒得后背发热的太阳也不见了,蓝色天空的一边突然被玫红、大红、深红的晚霞给攻陷了。我还不甘心地跪在溪边不断地搅和着,爸爸无可奈何地坐在溪边的竹椅上,一边看天一边不断地游说着我放弃捞够奶奶做一顿晚餐的鱼虾的"大业"。

炊烟四起,是一种我在城市里没有闻到过的柴火味,它们飘来荡去,伙同肚子里面的馋虫一起述说着晚餐的诱人。我终于抬起头,看看碗里已经快睡着的那只小虾,哎,去找你的小伙伴吧,下回别再被我逮到了。我扬手把它丢进了小溪,和爸爸一起回家了。

观　　鱼

吕济舟

江南的水路、湖泊星罗棋布,而在水中最少不了的就是鱼。鱼可分为淡水鱼和咸水鱼,在淡水鱼中最具观赏价值的就要数锦鲤了。

这次我在江南住的旅馆中有一个大水池,里面养了许多锦鲤。每当有人走过，它们都聚集在那人的身边，仿佛在讨要吃食，但当人没有看见似的走过，它们又失望地散开。有一次我在包里翻到了一块没吃的面包，我脑子里蹦出了一个念头：去喂鱼。

我快速地跑下楼赶到桥上，鱼儿们又一次满怀希望地聚拢了过来，不过我这回不会再让它们失望了。一块小面包被丢了下去，它们就好像看见了宝贝一样争先恐后地向面包游来，就算离得远也不甘示弱闻讯赶来。霎时间大鱼、小鱼，红的、白的、黑的，全都是鱼，水上仿佛绽开了一朵色彩缤纷的大花。有一条大鱼在最中心的位置，本觉得一定能吃到面包，但当它冲上前去，却被想把面包抢走的几条鱼挤出了水面。

当我把最后的几块面包都扔下去后，它们一吃完就离开了桥洞，刚才壮观、绚烂的场面瞬间消失得无影无踪。

在生活中就有一些这样的人：当你给他们好处时，他们就聚拢在你身边；但当你没有东西了，他们就散去了，什么也不会给你留下，只有记忆还在。

拔　牙

孟诗雨

今天我要去同仁医院拔牙，因为我的一颗4号牙旁边长了一颗牙，如果不将它拔掉，会挤掉那颗4号牙的，而且这颗牙离我的鼻腔中的一根神经很近，如果不拔掉，不仅会影响美观，还会影响鼻腔的健康。于是，我的父母为我做了一个"重大的决定"，那就是要给我拔牙！

当我知道这个消息后，虽然很紧张，但是却还保持着理智，我心想："拔牙，那可是件相当痛苦的事情，我可不想被牙医折磨。"于是，心生一计，对爸爸说："马上就要期末考试了，别让拔牙影响我复习！"爸爸想了想，觉得我说的有道理，于是答应我考完试再拔牙。因此，我便成功地"逃过一劫"！

期末考试结束了，这颗牙还忠诚地陪伴着我，爸爸又开始打主意了："现在可以去拔牙了吧？"我连忙说："再等等，马上就要拿成绩单了，也得让它见证我的光辉时刻啊！"爸爸笑了笑，说道："不能再往后推了。"

终于，我再也没有什么理由能够一而再再而三地逃避拔牙——这个可怕事实了，我只好怀着忐忑不安的心情，不情愿地跟着爸爸去了医院。

排队等了两个小时，终于轮到了我，医生换上了一副新的手套，他往我的嘴里东摁一下，西碰一下，这使我很紧张，于是我便一连串地问了许多问题，直到医生都不耐烦了才停止！说着，她便拿来了让我看上去心惊胆战的拔牙工具，指挥着我坐到电动椅上，我虽然很害怕，但却还是心一横，闭着眼睛坐了上去，医生这时说道："我需要给你打一下麻药，不过你放心，不会很疼的！"说着，就将准备好的麻药向我的牙根扎去。我刚要喊"疼"这个字，嘴就麻掉了。

很快，那颗顽固的牙终于恋恋不舍地离开了我的嘴巴，躺在了洁白的纱布上，上面还沾着我的血迹。

没人会认为拔牙是件有趣的事，可我觉得，如果勇敢地面对拔牙，就挺有趣！

第二章　写人篇

　　仲尼遇见了泰山,于是有了高山仰止,景行行止;李白遇见了酒,于是三分酿成了月光,七分酿成了诗,浩浩汤汤半个盛唐……而芸芸众生万千态中,与每一个生命的遇见,更是一场奇妙的偶合。于是,我们拿起笔来,写下这其中的一个个——父母、老师、亲人、朋友、陌生人……

评改要点

（1）人物有特点

世界上没有完全相同的两个人，如同没有完全相同的两片树叶一样。当我们决定写人，一定要避免"千人一面"。首先要想的是，你笔下要刻画的这个人的主要特点是什么。接下来，每写一个词、一个句子、一个段落，是不是仍朝着不同于其他人的方向在进行并增色。等你写完，再念出文章来，其他人听了，就确切地知道是谁。想要找到人物的特点，先不要急着去找不同，而是要先搞清楚这个人物在他的同类别人群中有什么共性，然后才是共性中与其他人不同之处。写一个老师，爱学生可能是共性的1，但个人独特的风格是X，有可能是幽默，有可能是严厉……

（2）事件要典型

抓住了人物的特点之后，就要选取能够表现人物特点的最典型的事件来写。从什么事情中可以让人读到人物的什么特点，就选什么事情来写。多数时候，典型事件可以不止一件，用几件事情共同诠释人物的性格，注意写的时候将其中的一件事写得最具体。当然也有一种不够集中，看似"三心二意"的写法。那是指不去想表现人物特点的典型事件，而是心中只有人物特点，呈现多个片段，三言两语，随手带出，信手拈来，看似乱章，但文章自然，人物特点也凸显。

（3）细节要生动

要抓住人物细微之处，给予具体、生动的描写。即抓住细节刻画人物，使原来比较平板、模糊的形象变得栩栩如生，有血有肉。通过人物的行动、肖像、语言、心理、活动环境等来写人。

在进行人物语言描写时,要符合人物的身份和性格,因为不同的年龄、性格等的人物,他们所讲的话是不同的,即使是同一个人,在不同的情况下所讲的话也是不同的。在人物行动描写中,要写出人物在做什么,怎样做的。所谓典型,就是要写出人物为什么这样做。肖像描写要注意"画眼睛",还要切忌公式化、脸谱化,写出真实特点。也不需要有固定的段落,可以散落在典型事件中。环境描写,有一点与纯粹的写景有共通之处,那就是景中藏着情感和态度,而心理活动如果不复杂,就失去了写的必要。

(4) 瑕疵更真实

写人如果 360 度无死角,毫无瑕疵、毫无缺点,那就不对了。这是很多学生在写人时容易出现的问题。他们认为要写的人,当然是要拿出来赞扬的,尽管挑好的方面写。这样写下来,就失真了。好比一盆塑料花,花永远鲜艳,叶永远碧绿,却不如有凋零、有败叶的真花好看。所以,我们在写人的时候,优点大大地写,小瑕疵也悄悄地放,这样才能更真实、更亲和。

评改实例

草稿篇1

感动之母亲①

王欣怡

母亲,是一个怎样的词?她是一个家中必不可少的角色,洗衣、做饭样样都行。我们对她的工作熟视无睹,甚至有时还显出烦躁。但你可曾想过,当你成为母亲或父亲时,喜悦之余会不会也有今天我们父母的无奈啊!

因为学校离家远,我每天早上都需要6:00起床,而母亲却要做到比我早30~40分钟起床,她给我做早餐。每天早上醒来时,屋子中就弥漫着一股饭香。而我就会闻着这饭香,走进厨房,<u>每次望见的都是母亲的背影</u>,②有些矮小,有点胖,在雾气弥漫的厨房中忙碌着。

每天我都拿着母亲做好的早餐,到车上吃,她还为我播放《西游记》听。母亲的手艺很好,每天都变着花样,哪怕一星期都吃饼也天天不重样。而我这个"处女座"的女儿还总是鸡蛋里挑骨头,经常能挑出"刺"来,而母亲总是耐心地听着,说<u>"下次我一定改进"</u>。③

早餐吃完也就到了学校,进了校门我总会回看母亲一眼,而<u>每次都是背影,一个孤单的背影</u>。④<u>放学后,母亲就会来接我,可总是迟到,一迟到就开始跑,她那跑步的样子,我一看就想笑:步子不大,有点像小鸭子,可爱至极。</u>⑤

在放学回家的路上,她偶尔会说"饿",说今天没吃早餐,好像午餐也忘了吃,忙着收拾屋子,给我洗衣服。我总是把她给我准备的下午茶点分一大半给母亲,不让她饿着,但母亲却笑着推回给我:"你长身体的时候,要多吃点儿。"

---

① 这个题目要改,有主题却似无题。现在多数同学会写"妈妈",而你用的是"母亲",我想这"母亲"二字是有分量的。是否改成——"'母亲'这两个字"。

② 叹这忙碌的背影!哪个母亲年轻时不是一个受宠爱的女儿呢?这"忙碌"还应该体现在动作上,她手上有哪些动作?

③ 这句话现在真的常常出现在大多数父母的口头,看到你写下来,我才发现,原来这句话是多么不合理,藏着多少无奈。她一定常常说,所以,此处可以再加一句,来强调。

④ 怎样的背影,此处是不是要细致描画一番?那孤单是怎样的背影可以诠释的?

⑤ 像小鸭子一样的跑步姿势,可不只是"步子不大"。是不是还有穿着高跟鞋跑步的不便,左右摇摆……写细致些!

⑥ 是个很好的故事,是个很深的领悟。可却输给了形式性结尾。建议紧扣题目,写出领悟。

我们有时总会向母亲发一些牢骚,动不动还吼叫,可我们没有发现,她有时会躲着,偷偷地难过,有苦说不出。有时我在想:母亲早起为我做饭,说她睡不着是真的吗?我有时觉得做饭好玩,可这样年复一年会好玩吗?<u>好像不是我们不体谅父母,而是我们没有用心去认真思考父母为我们所做的一切……</u>⑥

总评:欣怡,你是个懂事的孩子。不知为何,现在少有孩子能像你这样,用对"母亲"这个词的理解来表达对妈妈的感恩。对妈妈的感恩,居然成了难能可贵,也颇引人深思啊!不仅有心,更有写的本事。你只是选取了妈妈为你做饭这一事,却写出了她的爱意,写出了她的辛苦,写出了她的无奈。从行文结构上看,不过是平凡的一天上学生活,却将早餐、上学、放学、下午茶点写得各不相同,心中的情感也随着波澜起伏。在细节的刻画上,更是用心。妈妈的那句话——"下次我一定改进",妈妈的几个背影的描写,直击读者的内心,因为我们每一个人都有一个母亲。也许她是絮絮叨叨的,说话不中听;也许她是胖胖的,像小鸭子般,长得并不好看;也许她的厨艺都是后学的,忙忙碌碌,却顾不上吃饭,并不那么能干……但这就是我们的母亲,你写出了最真实的她,最朴素的情感。

修改篇1

"母亲"这两个字

王欣怡

母亲,是一个怎样的词?她是一个家中必不可少的角色,洗衣、做饭样样都行。我们对她的工作熟视无睹,甚至有时还显出烦躁。但你可曾想过,当你成为母亲或父亲时,喜悦之余会不会也有今天我们父母的无奈啊!

因为学校离家远，我每天早上都需要 6:00 起床，而母亲却要做到比我早 30~40 分钟起床，她给我做早餐。每天早上醒来时，屋子中就弥漫着一股饭香。而我就会闻着这饭香，走进厨房，每次望见的都是母亲的背影，有些矮小，有点儿胖，她在雾气弥漫的厨房中忙碌着，她一手拿着碗，要往锅里打鸡蛋。一手拿着盐瓶，往锅里撒盐。鸡蛋汤煮好了，她又去切面包，真是忙不过来呀！

每天我都拿着母亲做好的早餐，到车上吃，她还为我播放《西游记》听。母亲的手艺很好，每天都变着花样，哪怕一星期都吃饼也天天不重样。而我这个"处女座"的女儿还总是鸡蛋里挑骨头，经常能挑出"刺"来，而母亲总是耐心地听着，说"下次我一定改进"。总是这句话，从来都没有变。

早餐吃完也就到了学校，进了校门我总会回看母亲一眼，而每次都是背影，还没有梳好的头发在冷风中乱了，她伸手拨到耳后。走得不快，一直走到灰墙拐角，一个孤单的背影，直到看不到。放学后，母亲就会来接我，可总是迟到，一迟到就开始跑，她那跑步的样子，我一看就想笑：穿着高跟鞋，步子不大，脚向里撇着，略微有点儿胖的身子左右摇摆，有点像小鸭子，可爱至极。

在放学回家的路上，她偶尔会说"饿"，说今天没吃早餐，好像午餐也忘了吃，忙着收拾屋子，给我洗衣服。我总是把她给我准备的下午茶点分一大半给母亲，不让她饿着，但母亲却笑着推回给我："你长身体的时候，要多吃点儿。"

我们有时总会向母亲发一些牢骚，动不动还吼叫，可我们没有发现，她有时会躲着，偷偷地难过，有苦说不出。有时我在想：母亲早起为我做饭，说她睡不着是真的吗？我有时觉得做饭好玩儿，可这样年复一年会好玩吗？我好像懂得了"母亲"这个词的含义，但又不只是这些。这个词可能要等我成了"母亲"才能懂……

草稿篇 2

爱 是 什 么①

胡育诚

对大部分人而言,爱通常来自父母。但对于我而言,有一个人是不能不提的,因为她是除了家里亲人以外,无私、无求地爱着我的人,她就是我的班主任——何老师。②

从二年级开始,直至六年级,她陪伴了我们五年。师生之情早已深深扎根彼此的心底。何老师长得很秀气,五年来,她的容貌似乎没有发生任何变化。③她讲课讲得很好,而复习时精辟的总结总能让我们抓住知识的重点。

最让我感动的就是在拓展训练营里的那件事。那天晚上我们自己在野外做饭,我们四个大男孩去找柴火,回来时发现火还未生起。负责生火的几个同学告诉我已经试了好几次了。每次都是一开始火很快就生起了,可是一放锅,火就悄无声息地灭了。看着别的组已经下锅的饭菜,我心里更是着急。何老师向我们走来,她叫我们继续扇风,于是我们几个男生拿起锅盖继续扇,不一会儿,火重燃了。我们一边等待水开,一边往火里添柴。水终于开了,我们可以往锅里放食材了,但我们谁也不敢打开在火焰之中的锅盖。此时,何老师却勇敢地伸出了手,我真怕她会被烫着,但她丝毫没有迟疑。④之后,我们终于吃上了香喷喷的面条,而何老师还在为了给大家夹菜而忙碌着,她还饿着肚子呢。想到这儿,一股暖流,在我的心中涌起。何老师什么也没有说,她的爱藏在那揭开锅盖的一个动作中,这恐怕就是老师对我们的爱吧。

爱是什么呢?我认为这就是——无声无息但又无与伦比,

---

① 虽是写人,但此题目足足引人思索,是对人生终极问题的初探秘。

② 开头释题,直指所写。

③ 此处缺少对人物典型外貌特征的刻画,写人的文章,最好能细致刻画一番。这样方能使读者眼前有画面,从而印象深刻。可以在此处围绕"秀气"二字来写老师的外貌特征,与后文"勇敢地伸出了手"形成对比,表现出"爱"的主题。

④ 最动人处还可再描一笔细节,凸显出秀气的老师此时不怕烫手揭开锅盖的勇敢。

一两句话、一两个动作,在生活中数不胜数,却一点一滴陪伴着我们成长,让我们倍感温馨。⑤我想大声对爱我们的何老师说一声:"谢谢您!"

⑤ 结尾回答了文章题目,回应了文章开头,找到"爱是什么"这个问题的答案,属于自己的,也是独有的一份答案。

总评:育诚,你一直是个心理年龄偏小的孩子,可如今却能对"爱是什么"这个哲学问题有一些独到的领悟,这着实让我欣慰。纵观全文,文章结构合理,摆脱了你之前常写的三段式文章,更能做到详略有别,略写"讲课讲得好",详写了"拓展训练营里的那一件事"。从内容的细节来看,你注意刻画了自己的心情、老师的动作等细节,这些细节描写,不仅表现出老师对你的爱,也从字里行间流露出你对老师的关心。这两种情感交织在一起,才形成了如此动人的文章。所以,亲爱的孩子,爱是什么?爱不仅是你所写到的"无声无息但又无与伦比,一两句话、一两个动作,在生活中数不胜数,却一点一滴陪伴着我们成长,让我们倍感温馨",爱更是你收到爱之后的感受与回应。

修改篇2

爱 是 什 么

胡育诚

对大部分人而言,爱通常来自父母。但对于我而言,有一个人是不能不提的,因为她是除了家里亲人以外,无私、无求地爱着我的人,她就是我的班主任——何老师。

何老师长得很秀气,五年来,她的容貌似乎没有发生任何变化:头发不多,直直的,柔顺地披在肩上。皮肤很白,但有一些隐隐可见的小雀斑。鼻梁高高的,鼻尖小小的,微微翘着。眼睛里总像蓄着一汪水,静静地看我们。即使生起气来了,也藏不住温和的笑意。最喜欢她的一双手,虽然很小,但是很柔软。晨诵时，谁读得好，她自然是要轻轻抚摸谁的头，即便现在我们都大了，她仍这么做。从二年级开始，直至六年级，何老师陪伴了我们五年。师生之情早已深深扎根彼此的心底。我们都喜欢上语文课，觉得她讲课讲得很好，而复习时精辟的总结总能让我们抓住知识的重点。

最让我难以忘记的就是在拓展训练营里的那件事。那天晚上我们自己在野外做饭，我们四个大男孩去找柴火，回来时发现火还未生起。负责生火的几个同学告诉我已经试了好几次了。每次都是一开始火很快就生起了，可是一放锅，火就悄无声息地灭了。看着别的组已经下锅的饭菜，我心里更是着急。何老师向我们走来，她叫我们继续扇风，于是我们几个男生拿起锅盖继续扇，不一会儿，火重燃了，我们赶紧盖好锅盖。我们一边等待水开，一边往火里添柴。水终于开了，我们可以往锅里放食材了，但我们谁也不敢打开在火焰之中的锅盖。此时，何老师却勇敢地伸出了她的那双小手，我真怕她会被烫着，但她丝毫没有迟疑。只见她敏捷地揭开锅盖，又迅疾地缩回去摸着两个耳垂。之后，我们终于吃上了香喷喷的面条，而何老师还在为了给大家夹菜而忙碌着，她还饿着肚子呢。想到这儿，一股暖流，在我的心中涌起。何老师什么也没有说，她的爱藏在那揭开锅盖的一个动作中，这恐怕就是老师对我们的爱吧！

爱是什么呢？我认为这就是——无声无息但又无与伦比，一两句话、一两个动作，在生活中数不胜数，却一点一滴陪伴着我们成长，让我们倍感温馨。我想大声地对爱我们的何老师说一声："谢谢您！"

草稿篇 3

一个普通人——翟老师

肖云祺

这世界上有许许多多的普通人，我的奥数老师翟老师就是其中的一个。①

翟老师是从这个学期才来教我的，我还记得第一次见他的时候是在家里，因为他是我的家教老师。

与以前在"学而思"教我的年轻老师不同，翟老师有点老。看起来50多岁的样子，听妈妈说他原来是某个市重点中学的资深教师。他的脸方方的，额头有几条深深的皱纹，眉毛稀少，戴着个方框眼镜，每次给我讲题时他都会把眼睛眯成一条缝。牙齿黄黄的，还算齐。手上也都是皱纹，手背上还有一些老人斑。他讲话的声音却很洪亮，那腔调真是那种"老八股"的感觉。②

有一次他给我讲题讲到一半时，突然从皮包里拿出一小团纸，接着，他把纸打开，我看见在那个纸团里有几颗药。翟老师说："对不起，我先吃个药。"于是老师小心翼翼地把药给吃完，这令我感到很不可思议。③

还有一次，有一道题特别难，于是老师开始解题。他一开始好似很有信心的样子，可是过了一会儿他的眉头皱起来了，眼镜也随着汗水滑下来了，滑到鼻尖，快要掉下去一样，过了好一会儿，老师才想起来，又把眼镜给推了上去。时间一点一滴像流水般的过去了，整个屋子里只有老师算题的声音。又过了一会儿，老师终于把题算出来了，他如释重负似的大叫了一声："啊，终于算出来了。"看来奥数题真是挺难的，老师也有一时解不出的时候。

① 读到此处，想到了张晓风写的《有些人》里的那些句子——"有些人，他们的姓氏我已遗忘，他们的脸却恒常浮着——像晴空，在整个雨季中我们不见它，却清晰地记得它"。我想，什么样就算普通了呢？是否在开头借鉴作家的文字，对"普通"有一个大概的描绘，哪怕只是大概。

② 你抓住了"翟老师"的外貌特点，写出了一个真实的他，使我读来，他如立眼前。可是，这样的外貌描写中，我分明读了一个小女孩在起初对这位"老八股"的不太满意。有这种小心情吧！是不是应该轻轻点出一句？为后文的情感变化铺底。

③ 你感到的"不可思议"能写出来吗？我很想知道看到这位"翟老师"吃药的时候，你是怎样想的？这想法应该与后文你心中的情感变化有很大关联。

④ 此处颇有鲁迅《阿长与〈山海经〉》结尾的风格。一句朴实的祝福，藏着你对老师的心疼，这种情感是真实而深沉的。

年老的、教奥数的翟老师只是个普普通通的人，在茫茫人海中，毫不起眼，可不知为什么，我心下却生出一种对他的心疼来。<u>亲爱的翟老师，愿您健康，愿您可爱。</u>④

总评：云祺，你是个好强的小姑娘，因为前两年还没有真正爱上阅读，导致成绩平平，尤其害怕习作，写不出打动人心的东西。我给你的唯一"良方"便是读书。从《冰心全集》开始，经由《写给孩子的哲学启蒙书》（共6册）……阅读的化学反应就这样发生了。你的文章有了思维的深度，有了看待事物的多个角度，更重要的是有了悲天悯人的情怀。文章虽然没有写一个普通的教奥数老教师的难处，但读来令我不禁潸然泪下，老师我又何尝不是一个普通人呢？多数的人也是如此普通，也有很多不与人说的难处。你写的文章正拨动了普通人最普遍的情感，这是最动人之处。其次，你将自己对这位"翟老师"的情感变化藏在了文中，从看外貌的"八股"印象，到他上课前吃药的"不可思议"，再到解不出题时的焦灼、解出题时的欢欣、可爱，到最后的心疼和祝愿。通过你的眼，塑造了一个普通而真实的芸芸世界中的小人物。

修改篇3

一个普通人——翟老师

肖云祺

芸芸众生中，有几个能算作不普通？所谓功成名就，能被载入史册的毕竟是少数，这剩下的大多数可以称得上普通了吧！没关系，就像小时候唱的《小草》一样，那参天大树之于小草，它有它的虬枝，而我也有我的一岁一枯荣。就在这世上无数的普通人中，教我的奥数老师——翟老师就是其中的一个。

翟老师是从这个学期才来教我的，他是我的家教老师。

与以前在"学而思"教我的年轻老师不同，翟老师有点老。看起来50多岁的样子，听妈妈说他原来是某个市重点中学的资深教师。他的脸方方的，额头有几条深深的皱纹，眉毛稀少，戴着个方框眼镜，每次给我讲题时他都会把眼睛眯成一条缝。牙齿黄黄的，但还算整齐。手上也都是皱纹，手背上还有一些老人斑。但他讲话的声音却很洪亮，那腔调真是那种"老八股"的感觉。我见了他，心里并不十分满意。

有一次他给我讲题讲到一半时，突然从皮包里拿出一小团纸，接着，他把纸打开，我看见在那个纸团里有几颗药。翟老师说："对不起，我先吃个药。"于是老师小心翼翼地把药吃完，这令我感到很不可思议——他身体不好，退休了还在为生活奔波。我想象了很多种他必须出来当家教的理由，但从不敢问他，只是往后听他讲题时更专心了些。

还有一次，有一道题特别难，老师开始解题。他一开始好似很有信心的样子，可是过了一会儿他的眉头皱起来了，眼镜也随着汗水滑下来了，滑到鼻尖快要掉下去一样，过了好一会儿，老师才想起来，又把眼镜给推了上去。时间一点一滴像流水般的过去了，整个屋子里只有老师算题的声音。又过了一会儿，老师终于把题算出来了，他如释重负似的大叫了一声："啊，终于算出来了。"我看到他高兴得像个小孩儿似的，心里也如释重负。看来奥数题真是挺难的，老师也有一时解不出的时候。

年老的、教奥数的翟老师只是个普普通通的人，在茫茫人海中毫不起眼，可不知为什么，我心里却生出一种对他的心疼来。亲爱的翟老师，愿您健康，愿您可爱！

草稿篇 4

我的好朋友梁时雨

张复弘

梁时雨是我非常要好的朋友,外号"大头",因为他有一颗足以称得上"硕大"的脑袋,这大头里不仅储存了丰富的知识,还可以当成具有"杀伤力"的武器使用,<u>我是感受过大头的威力的</u>。① 梁时雨还有一双黑亮的眼睛,在卖萌时炯炯有神,一眨一眨地闪着光,似乎对世界上所有的东西都感到好奇。②

梁时雨很好学。上一年级时,班里进行认字调查,梁时雨当时是班上认字最多的学生,刚上一年级就认识 2000 多个字。不仅中文,他的英文单词量也很可观。五年级暑假,我和梁时雨一起到丹麦乐高乐园玩儿,在那乐高的迷你世界里,开始一直是梁妈妈和我妈妈一边看英文介绍,一边给我们讲具体的情境,<u>但很快梁时雨就拒绝了家长的帮助,他尝试着自己读英文简介,自己翻译,家长们大大肯定了他的翻译,让我自愧不如</u>。③

梁时雨并不喜欢运动,但他在运动时非常认真。<u>我们时常在小区里约着打羽毛球,切磋球技。我留心观察过,梁时雨对羽毛球的那份热情和严肃很让我敬佩。我们每次打球时从我这边打过去的险球,都能在他手里化险为夷,经过调整还能很快扣杀回来,让我只有招架之功,却无还手之力。他的球技确实高我一筹,但让我佩服的不仅是球技,更是他在羽毛球比赛中的认真态度</u>。④

我们还是学习中的竞争对手,每次考试都要比比高低,有这样好学、认真还<u>好奇心重的好朋友</u>⑤,竞争的压力还是很大的,但我喜欢,愿我们的友谊长存。

第二章 写人篇

① 此处可以延续前文的风格,插入夸张的语句,表达撞击时大头的威力。否则令人读不懂。写作中,我们常常因为自己是亲历者,把读者也当作全知全能,省去了一些细节,而使人读来感到语意不流畅。

② 我只读到"卖萌"就感到了他眼睛的特别,因为我也算熟悉他的人了。但可惜你的形容只是"炯炯有神"和"一眨一眨地闪着光",感到"好奇"更失去了特点。我想到的是,他眼睛形状的变化,眼黑眼白大小的变化,眉毛的变化,好像什么一样?还可以更有特色。比如,他的黑皮肤、他的牙,以及他说话的不清楚……

③ 此段落是一个概述,写梁时雨"学霸"的一面。但,关于"拒绝家长帮助""自己翻译"中的坚持还是可以通过神情和言语等细节略有点缀,否则就十分无味儿了。

④ 此段我没有读懂,不喜欢运动,却认真运动,这是为什么?不仅如此,他还能比你这个常常运动的人技高一筹,这又是为什么?同时,上一段如果略了,这一段应该详写比较合适。如果事情不够典型,也可以换。

⑤ 如何体现好奇心重?如果前文没有具体事例,此处不提为妙。

总评：复弘，你性子急，读书、写作、做事都以快而多为目的，这篇文章也有这样的特点。但是我相信，你静下心来，可以写得非常好。"大头"是你最好的朋友，你们二人都很优秀。写作建议：一是他的外貌你只写出了一半儿的特点，要告诉你，他的外貌特点不仅要静描，更可以在动态中来写，例如，说话的特点。二是关于选取材料，你俩性格不同，朝夕相处中有多少事啊！面对这些事情，你俩有很多不同之处，多么值得写一写。你驰骋球场，而他是个"宅男"，为减肥而运动；你上课频频举手，要出类拔萃，而他只坐着静静地听，只等"万马齐喑"时，才肯发声……而这样不同的两个人却是形影不离的好朋友，值得探一探其根源。三是写人物时，其真实、可亲感来自于什么？他是一个优点和缺点都很明显的人，建议你于他的小缺点中写他的大优点，这样，就更真实了。

修改篇 4

我的好朋友梁时雨

张复弘

梁时雨是我非常要好的朋友，外号"大头"，因为他有一颗足以称得上"硕大"的脑袋，这大头里不仅储存了丰富的知识，还可以当成具有"杀伤力"的武器使用，我是感受过大头的威力的。曾经在体育课的角斗中，我被这颗大头撞得一个屁股蹲儿坐在地上。梁时雨皮肤有点儿黑，也不多话，显得好像比同龄人成熟。但时不时卖萌的表情出卖了他——他挑着眉，抿着嘴，黑眼珠转啊转，眼白儿仿佛在无限扩大，竟然将一双原本细长的小眼睁得圆滚滚，那样子像是一只要讨得主人疼爱的小宠物狗。

梁时雨很好学。上一年级时，班里进行认字调查，梁时雨当时是班上认字最多的学生，刚上一年级就认识 2000 多个字，据说整个小学阶段一共也就 2300 多的认字量。不仅中文,他的英文单词量也很可观。五年级暑假,我和梁时雨一起到丹麦乐高乐园玩儿,在那乐高的迷你世界里,开始一直是梁妈妈和我妈妈一边看英文介绍,一边给我们讲具体的情境,但很快梁时雨就拒绝了家长的帮助,他尝试着自己读英文简介,自己翻译,虽然磕磕巴巴,竟然也对阿尔卑斯山景观、莱茵河沿岸、丹麦王宫等景观介绍得有模有样,家长们大大肯定了他的翻译,这让我自愧不如。

梁时雨好静不好动,但因为时常有发胖的危险,不得不在家长的督促下坚持打羽毛球、游泳。他虽然并不喜欢运动,但他在运动时非常认真,居然能在所会不多的项目中赢过我这样常年锻炼的人。我们时常在小区里约着打羽毛球,我当作纯娱乐。但他可是要跟我切磋球技的,脸上露出的那份严肃很让我敬佩。我们每次打球时,从我这边打过去的险球,都能在他手里化险为夷,经过调整还能很快扣杀回来,让我只有招架之功,却无还手之力。他的球技确实高我一筹,但让我佩服的不仅是球技,更是他在羽毛球比赛中的认真态度。这态度让我不好意思只是娱乐,也变得更加投入。

我们还是学习中的竞争对手,每次考试都要比比高低,有这样好学、认真还好奇心重的好朋友,竞争的压力还是很大的,但我喜欢,愿我们的友谊长存。

草稿篇 5

温　　暖[①]

闫京轩

① 这个题目是否太大?

② 我读这"或多或少"一词显得这温暖太平常,不值得一提。你品一品,觉得呢?

人的一生中,或多或少[②]会有一些让你感到温暖的事,这些温暖,或许来自你的朋友、老师、亲人,又或许,来自一个陌生人。而我的温暖,就来自一个陌生人。

那是一个深夜，天气很好，玉盘般的月亮冥冥③的发着幽光，同一些闪闪的星星挂在天上。从超市买完东西以后，妈妈骑车带我回家。骑到一个桥上时，我隐约听见后面传来一声"等一下"。妈妈停下了车，我们回头一看，却见一个大哥哥气喘吁吁地跑过来说："钱……钱包掉了……"我一边接过钱包一边说谢谢，又抬头看看他：紧张的神情不见了，取而代之的则是淡淡一笑。细密的汗珠布满了他的额头。④"不客气！"话音刚落，他便跑远了，朝着我们相反的方向……⑤

如果现在再看见他，想必也不会再认得了吧！但是每当我再看见那些捡到东西便据为己有的人时，便会想起他，为什么这世上的其他人竟不似他呢？

我虽然不能记起他的模样，但他的品格恰似那天夜里天幕中的星星，明亮而又璀璨，在无尽的黑夜中放出一缕缕光。那些光也将引导着我，朝着光明的方向前进！！！⑥

总评： 闫京轩，你的特点是爱读书，什么书都读，父亲的书柜也成了你的书柜。所以，你的语言非常流畅，有时候会有一些例如"倒装"等非常规的写法——"不客气！"话音刚落，他便跑远了，朝着我们相反的方向……读起来，不断给人带来新奇感。而且，你擅长细节描画，在人物的外貌、神态、动作等细节中凸显人物特点。最重要的一点是你很会思考，看到一桩事儿，你便会像一个哲人般思索其中的理儿。这是高年级同学作文水平能见出高低的最关键之处。如果说建议，希望将文章题目改过，再将一部分内容重新"编织"，因为文章的题目是"温暖"，而文章内容中，除了第一自然段"戴帽"外，没有相对应的文字来回应。相反，却写到漆黑"天幕中的星星"，写到"其他人竟不似他"……所以，再思考一下，怎样改，文章从题目到结构，都能更顺畅？

③ "玉盘般的月亮冥冥……"中"冥冥"一词虽是不明亮的意思，但用在这篇温暖的文章中不合适。

④ 对人物外貌的细节描写非常好，我的头脑中有画面，从他的"气喘吁吁""细密的汗珠"中可以猜测到他已经追了一路，从他"紧张的神情"转而变为"淡淡一笑"，可以看到他替你们着急和还了钱包之后的心安。

⑤ 他跑远的背影是什么样的？你心中在想什么？写具体些。

⑥ 什么是"朝着光明的方向前进"？而且使用了三个叹号？我能读懂你的内心受到了强烈的震撼，但平实的语言才能在人心中持久而深沉，不需要进行曲似的口号。

修改篇 5

夜幕中明亮的星

闫京轩

  人的一生中，会遇到很多人，亲人、老师、朋友……他们或深或浅在我的记忆中留下痕迹。而有那么一个陌生人，我和他只见过一面，却至今难忘。即使看到漆黑的夜幕，我也会想到他，他是我记忆中一颗明亮的星。

  那是一个夜晚，天气很好，玉盘般的月亮毛茸茸地发着幽光，和一些闪闪的星星一同挂在天上。从超市买完东西以后，妈妈骑车带我回家。骑到一座桥上时，我隐约听见后面传来一声"等一下"。妈妈停下了车，我们回头一看，却见一个大哥哥气喘吁吁地跑过来说："钱……钱包掉了……"我一边接过钱包一边说"谢谢"，又抬头看看他：紧张的神情不见了，取而代之的则是淡淡一笑。细密的汗珠布满了他的额头。"不客气！"话音刚落，他便跑远了，朝着我们相反的方向……我站在他的身后望了好一会儿，想要努力记下他的样子。等我回过神来，便大声喊道："谢谢哥哥，谢谢！"而他的身影很快便消失在浓浓的夜色中。

  如果现在再看见他，想必也不会再认得了吧！但是每当我再看见那些捡到东西便据为己有的人时，便会想起他，为什么这世上的其他人竟不似他呢？

  我虽然不能记起他的模样，但抬起头来望着星空，心想：他不正恰似那天夜里天幕中的星星吗？明亮而又璀璨，在无尽的黑夜中放出一缕缕光。夜再黑，有星星点点的光，心里也是明亮的。

好作文是改出来的

佳作欣赏

我 的 老 师

张济楷

那天,我正准备收拾书包回家时,一双脚停在我眼前:"喂,张济楷,先别走,你的作文还没有改完呢!"我本来惦记着到西操场跟同学踢球,这一下被叫蒙了,好半天才回过神来。听声音,不必抬头就知道是她——小荷。我抬起头,她又说:"你不是想在《水木童心》校刊上投稿吗,我的课代表?"说完,冲我眨眨眼,眼睛笑得弯弯的。我一面想着和好哥们踢球的畅快,一面又想着上校刊大放异彩。见我犹豫不决,小荷脸色立刻晴转阴:"其实啊,你那鬼画桃符、前言不搭后语的小文章上校刊也没多大希望,我看你还是去跟他们几个踢球吧!"说完,她就要转身走,我听后立刻气得脸红脖子粗,心想:那可是我花了两天工夫才写出来的啊!怎么在她眼里就成了"鬼画桃符"和"前言不搭后语"?还说我上校刊无望。我就不信了,我就要上一次校刊试试!

"哗啦"一声我就把书包放下,球也不踢了,坐在座位上修改作文。这时,她又凑过来了,说:"需要帮忙吗?"我忍着不敢发作,对她点点头。她在我身边坐下,就这样,我俩一点点改,时间也一点点过去了。我们的肚子轮番"咕咕"叫,天渐渐黑了起来,最后一缕阳光从玻璃窗照过来,像在小荷的脸上铺上一层金粉。她的眉头轻轻皱着,眼睛在作文纸上一行行扫过,手"唰唰"地在纸上写着。我突然觉得此刻的小荷——人挺好。正想着,突然听她喊:"臭小子,发什么愣!"说着,高高举起了手,吓得我赶紧躲。没想到,她的手却只轻轻地在我头上一拍就笑开了。

小荷，全没有老师的样儿。记得下雪了，她是第一个跑出去做雪球打雪仗的，她和我们全班同学打，打输了还记仇，回到班里半天不理人。上课的时候，手舞足蹈，张牙舞爪。讲到激动处，口水都要喷出来，坐在前排时，我就悄悄支起语文书。她还特别爱美，在办公桌上放着一面小镜子，时不时要照照。

这几天，她病了，犯了阑尾炎，终于变得温柔起来。不过我们也都变得好乖，什么事都不用她插手，她笑了，挺美。

张郎济楷

李嘉华

张郎济楷，从一年级开始到现在来到新的学校就一直和我是同学，所以我和他再熟悉不过了！他身材魁梧，中等偏高，一双单眼皮大眼炯炯有神，似乎总在思考着什么。他有着略显倔强的小嘴，但从这里吐露出的言语却常常惊世骇俗。

张郎在低年级就是班里的大才子了，总是展现出非凡的文采和自信。有一次写作文《身边的美》，同学们有的写公园的美，有的写保洁阿姨的美，有的写老师的美，而张郎写的居然是圆明园一根巨高的电线杆——的"丑"，由丑入手，衬托出最后的"美"——被装饰成一棵巨大的松树，读来真令人拍案叫绝！还有一回，我们一同参加骑行活动，他在向陌生队友做自我介绍时是这样大声介绍自己的："大家好！我是才高八斗、学富五车、满腹经纶的张济楷。"瞧，我们谁都没有他这份自信。他非常喜欢看书，有一次看得入迷，耽误了吃午饭，等他发现时早已没饭了，老师调侃他说"书中自有馒头屋"。看书也能填饱肚，唯有张郎也。

别看他在教室总是在读书，像个小书虫似的。到了绿茵场上，他也是个风云人物呢！四年级时张郎是我班足球队守门员，比赛中他可真是全身心投入,那双大眼睛死盯着球,时而飞身扑球,时而倒地铲球,频频拦下对方的猛攻,我们都称他为"铁守门"。

  转眼到了五年级,同学们开始了艰苦的升学历程。在写新学期心愿卡时,我和张郎不约而同地写到"希望我们考进同一所中学"。苦读之路有张郎作伴绝不会枯燥,我们在学校一有时间就聊我最喜欢的昆虫,美丽的校园角落也留下了我们的足迹:在华宇池流连于水中的精灵;在竹林小憩中搜寻身披重甲的"武士";在校园犄角旮旯的众多砖头之下,搜寻形形色色的"大白胖子"和奇形怪状的蛹……经过一番"奋战",张郎在升学大潮中先成功"上岸"了,而我仍在湍急的河流中奋勇地扑腾着,还好很快我也成功"上岸",我们的愿望成真了——考入了同一所中学!

  回首我们六年的校园生活,有我、张郎与同学们最快乐的记忆,和同学、老师分别的那一刻,有懵懂少年不知所措的感觉……其实我俩还都深深地怀念着熟悉的那片园子和里面的那群一起长大的"小豆苗"啊!我和张郎约定,以后还要考入同一所大学。

普 通 人

谭 涵

  他是一个极普通的人,古铜色的皮肤,身体壮壮的,眼睛亮亮的,总是笑眯眯的,终年不变地穿着一件绿色的外套。望他一眼,心中就有一种安全感。

  有些时候,我在离学校校门很远的地方,就能隐隐约约看到他的身影在忙碌着。有同学进学校,他就会端端正正行一个鞠躬礼,并说:"同学好。"我常常匆忙走过,总是忘记给他回礼。

  每周四,我都要上编程课,上学时就会拿着两个书包。如果到学校比较早,我会前面背一个,后面背一个,慢慢地进入学校和教室。有时候到学校比较晚,都快要迟到了,我就会背着一个包,抱着一个包,一路狂奔。

今天快要迟到了,我努力地往学校奔去。他突然间看见了我,立刻向我跑了过来。我不清楚有什么事情,慢了下来,可他依旧向我跑来,跑到我面前才停下。他说:"小同学,需要我帮你拿书包吗?"还朝我咧嘴笑了笑。我发现他的牙齿很白,衬着古铜色的皮肤,更显出白来。我说"不用,谢谢,我自己行。""你快迟到了,还是我帮你吧……"说完就把我抱的书包拿了过去。路上我们静静地向教室跑去,我总算在上课铃声响起时进入了教室。进教室时,我回望着他、心里感激着他。他向我挥了挥手,便转身回去了。

他就是每天站在学校东门的李保安,总是以身示范教育着我们。在这个世界上,他不像同学们的爸爸,有的是教授,有的会经商……他只是一个普通的人。他不教我学习,却教我礼貌,教我助人。普通的他,就是这么不普通。

我 的 同 桌

庄奕楠

我的同桌并不是其他女孩子们渴求的女同学,而是一位男同学。但这丝毫没有影响我们课上的共学和课下的交流。

他的个子不太高,但若是专注认真起来,那可还真是有种"稳如泰山"之势,在我眼中会瞬间高大起来;他很瘦,但却非常敏捷,他一跑起来,仿佛一阵风,眨眼之间便跑走不见了;他的眼睛不大,一笑起来快活得很;但凡与他论起学习来,他便好像如临大敌似的皱着眉,一丝不苟地认真听你讲。

我最敬佩他的是他对学习的那种不苟言笑的努力。有一次数学考试，他在答完卷后便开始一遍遍检查，确保万无一失后才交了卷。我们都期待着他的 100 分，这样我们组就是全员 100 分了！大家焦急地盼着——

终于在喧闹的讲台边，我们听见了一声："太棒了，100 分！"我随人流挤过去看他的卷子，但是正当我奋力挤到讲台边时，另一个同学却说了声："老师，您好像判错了一道题。"老师让她指出来，她一指，所有人的目光好似聚光灯般盯着那道题！"呀，错了，错了！"一个同学说了声。讲台边安静了几秒钟，几个数学好的同学也喊了一声"错了，老师，您判错了！"便一哄而散。

我则有些扫兴地转回座位。几分钟后，他也回座位了。他把头埋在桌上，把卷子丢进位洞里，就这样一声不吭地坐着，直到下课铃响，他方才缓缓抬起头，他脸上的表情凝重，沉着脸看着卷子，我能看出，他的表情里充满了后悔。随即，他的眼睛里又闪动起晶亮的光，我们都连忙去安慰他。一开始他什么也不说，到了最后，他才轻声说："我本可以得满分的，还是我不够仔细，下次必须考好！"

这就是我的同桌，他对学习的认真与努力的态度是我要学习的。他既是我的同桌，也是我的榜样。

父　亲

王欣怡

父亲在所有人的印象中，都是不一样的：或严厉，或温柔，或能干，或懒惰。有些父亲连基本的做饭本能都不具备，比如我的父亲。

小时候，周末，母亲都要去上班，只有父亲和我在家。我在一旁看书、玩耍，而父亲则在一旁看着我，微笑着。虽然上午他那样平静，可到午饭的时候，他就犯愁了。

父亲平时不怎么做饭,他的菜谱里只有一道菜——胡萝卜炒肉。每次去菜市场,父亲买菜的清单中只有胡萝卜,如果妈妈不亲自点菜派遣,恐怕就只是这样了。

到了午饭时间了,端上来的又是父亲唯一的菜。真可以为他写一副对联,上联:"胡萝卜炒肉",下联:"肉炒胡萝卜",横批:"专攻一项"。父亲真是对胡萝卜情有独钟。我立刻将菜里的肉夹走,开始吃饭,因为我不喜欢吃胡萝卜。直到现在,父亲还开玩笑说我吃胡萝卜吃得太少,所以他才经常炒。

想起以前那些事,可真是好笑。不过,现在,我的父亲可不止会一道菜了,他还会做米酒、酸奶、蛋糕、面包……平时吃的饭他也经常露几手,而且各种家务活样样都会,真是一个近似全能的父亲啊!

父亲可爱的样子,在我童年的生活中烙下不可或缺的印记。相信,那美好而又真挚的胡萝卜炒肉的玩笑,在长大后也能悟出背后别的意义。

我 的 姥 爷

马明佳

我的姥爷是一个为了我而不顾一切的人,他从我出生后就一直关心着我。他生于1945年,是清华大学的毕业生,毕业后成为了清华大学的职工。今年他已经73岁了,虽然早已过了退休年龄,本来照顾好自己就行了,但是他一边还在继续工作,关心清华大学里里外外的事情,一边还在照顾着我。

姥爷很心疼我,我出生后姥爷就照顾我,帮我洗澡、洗衣服、哄着我玩儿,甚至我第一次能独立走路都是姥爷见证的。等我慢慢长大了,姥爷帮我做的事情更多了:上学出发前,帮我整理校服、装饭盒、装水杯、背书包、送上车……所有的事情都是他给我做的。可是,我知道我长大了,该自理了,我不想再让他帮我做这些事情了。虽然我不让姥爷这样做,他还是心甘情愿地为我做,于是,我就尽量动作快一些,抢在他前面自觉地做完。

姥爷不仅爱我,而且相当有文化。每当我在做作业时,有不会的题首先问的就是最资深的姥爷了,他都能给我讲明白。他随时都会给我讲一些历史、地理之类的知识,也会跟我说说他的一些经历。他喜欢看书看报,不管是浅显的报纸,还是大部头的军事、历史、地理等著作,他都看得津津有味。

有一天,姥爷他回到了家里突然病倒,我特别担心。我给姥爷倒了一杯水,可是他说:"你不用关心我,你照顾好自己就行了,我自己可以。"我帮他拿了血压测量器,但是接下来他就没有让我做任何的事情了。他自己去医院看病、拿药,回家照常做饭,什么都没有耽误,他真是太坚强了。

姥爷是一个肯牺牲自己、心疼外孙、知识渊博却并不显摆的人,希望他长命百岁,越活越年轻。

这个雪天很温暖

郭思彤

她,胖胖的,个子不高,圆圆的脸,眼睛大大的,闪着光。当她看向你的时候,就似一束温暖的阳光照在你的脸上,令人感到温暖。

那天,我刚上完学科班,爸爸没有按时来接我。于是,我决定自己走路回家,走到半路上就忽然下起了雪。刚开始,雪悄无声息地,慢慢悠悠地从天空徐徐飘落下来,那么轻、那么静。渐渐地,雪大了起来,铺天盖地,漫天飞舞。一团团、一簇簇的雪花,飘洒在路面上;很快,路上就积了一层雪,路面很滑。那是一条繁忙的道路,很多骑车人、老人与小孩,络绎不绝,每个人都小心翼翼地从那里穿行。

　　在人群中，有一位保洁阿姨很显眼，她默默地、专注地在那里为大家扫雪。这时，一个留着"一边倒"学生头的小男孩冲了过来，一脚就把保洁阿姨刚刚扫好的"小雪山"给踢散了。雪、水、泥被踢得到处都是。那男孩还在上面跳来跳去，"咯咯咯"地笑着，可开心了。看着保洁阿姨额头上擦不完的汗水，又看着那个男孩活蹦乱跳的背影，我心里是不尽的酸。这时，男孩又在那片由雪化成水，水又结成冰的路面空地上"滑冰"了。他从左滑到右，又从右滑到左。突然，男孩失去了平衡，跌跌撞撞地冲了出来，一屁股坐在了地上。说时迟，那时快，保洁阿姨放下铲子就飞奔过来，在我还没明白是怎么回事时，男孩就已经被保洁阿姨稳稳地抱住了。保洁阿姨对小男孩一番嘱咐后，就又拖着疲惫的身躯去铲雪了。

　　在不经意间，我看见保洁阿姨的右臂上套了一个红圈圈，上面写着——"义工"两个字。我瞬间惊呆了，直直地望着她。原来，她不是保洁啊！她一声不响，默默地为行人扫雪。虽然我不知道她的名字，但她却令我印象深刻，她的目光犹如阳光，足够温暖整个冬天。

"皇阿玛"

许岚暄

　　"皇阿玛"是我最好的朋友周一琳，她是个女孩儿噢！她为什么会有这么个"雅号"呢？说来话长，但这个故事发生得很偶然。

　　那要从几张牌说起。我们一起外出"拓展训练"，闲时玩起扑克牌来，几个女生嘻嘻哈哈玩得开心。她抽中方片里的大王，乐得憋不住笑，一副胜券在握，要我们其他人都乖乖投降的样子,也不记得是谁当时就跪倒大喊了她一声"皇阿玛"。这一喊不要紧,扑克也玩不下去了,众人笑得前俯后仰,打桌拍腿的。而我们的"皇阿玛"处变不惊,泰然地接受了这个"雅号"。从此这个名字就叫开了。

其实,好笑的并不是这一声"皇阿玛"的本身,还因为"皇阿玛"平时就交友广泛,不论男女,皆是朋友。一下课,女同学们就围着她的桌子坐下了,齐齐喊"皇阿玛"。走出教室,在教室外的走廊里,男生们遇上她,也是一声"皇阿玛"。那场面,实在是像极了清宫戏里的桥段。更好笑就在于"皇阿玛"每每听到,都先露出一副不小心吞了一只苍蝇的表情,而后又很无奈地耸耸肩、摊摊手,再之后总还是佯装反击:"阿哥、格格们,都平身。"

在女生中她很显眼,虽个子不高,却十分聪明,生活中最少不了的总是她脸上那一抹可爱的微笑。

"皇阿玛"其实算不得漂亮女生,皮肤黑黑的,嘴角还有一颗黑痣,但笑起来眼睛弯弯的,露出两个小酒窝,抿着嘴,那种笑容仿佛能够融化寒冬的冰雪。所以,总能在人群中认出她来。有时候,别人对她倾诉,哭得鼻涕横流,她只是耐心地听着,什么也不说,来倾诉的人就慢慢变得平静了。最后,她笑了,倾诉者也笑了。这笑容可能就是"皇阿玛"的治愈功能,可能也是她朋友很多的原因吧!

她自己好像没有遇到过伤心事。其实也有,但"皇阿玛"总是斗志昂扬,愈战愈勇。还记得在四年级的时候,她的数学考得并不是很好,平日嘴边常带着的灿烂的笑容消失了,露出了担心的神情,时常一手支着头,一手握紧笔,作低头冥思苦想状。不过"皇阿玛"总是"皇阿玛",没过多久,她的数学就有了起色。还预谋着要和几个学霸"阿哥""格格"一决高下,输时就夹着尾巴慢慢踱回自己的座位,说什么重整旗鼓,下回一定会考得更好。如若胜了,她会嘴里毫不掩饰,十分夸张地喊:"我赢了!"等兴奋过后,"皇阿玛"不会骄傲,而是继续练习。最近数学还考出了100分。

这就是我最好的朋友——"皇阿玛",一个阳光一般的女孩儿,她的笑我将永难忘记。

普 通 人

梁时雨

纵观历史,有多少平凡普通的人,在沉重地碾过时光之路的车轮间被湮没,而只有那些所谓的"名人大家"在车轮的夹缝中得以保留。但那些普通人的人生,真的是那么无足轻重、毫无意义的吗?我是一个普通人,固然不能高谈阔论名人的世界和视界,而我所能看到的,便只是那些跟我一样的普通人。

那是农历腊月二十八的下午,5点左右吧,我与母亲正准备去稻香村扫荡一圈年货,以备囤在家里过年。在途中,我看到了这样的一幕,让我记忆尤深。那是一个古稀老人,衣衫破旧但整洁,头发苍白,脸部也已经被艰苦岁月磨砺出了一道道沟痕,仿佛参天大树的年轮,记录着她所经历的风风雨雨。她佝偻着腰蹬着一辆收废品的三轮车,瘪瘪的嘴里发出吃力的声音。深凹的双眼虽然苍老,却透露着一股坚毅。路过我们身边时正好有一个上坡,老太太只好下车开始推行。我想帮忙却有点不好意思,犹豫了几秒钟之后还是走上前去帮她推了一把。老太太回头说了声"谢谢",便继续弯腰前行了。

望着她渐渐远去的背影,我的心中五味杂陈。为什么她年逾古稀,还在干着这么辛苦的体力活呢?为什么快过年了,她不在家里团圆,却在寒风中奔波呢?也许是因为年纪过大,怕拖累儿女,就想通过这样的方式来减轻他们的负担吧!再想想看,我们的身边还有那么多像这位老太太一样的普通人。有的社会地位不高，但自立自强，不给他人添麻烦；有的默默无闻，但仍不辞辛苦地为社会奉献；有的得不到应有的尊重，却毫无怨言地做着自己认为有意义的事情。

名人固然值得敬仰，但永远不要忘了你身边那些不普通的大多数普通人！

多名牌的人——吕济舟

谭 涵

大家都看过"奔跑吧，兄弟"吧！那里面有一个游戏——撕名牌。名牌只是一个标签，一个名字，可我说的名牌是指一个人的内心，一个人的性格，一个人的本质，它们都会在微不足道的事情上体现出来。

那天，老师让我们来抽取学号写同学，我在想：谁会跟我这么有缘呢？想着想着，就轮到我来抽号。我想抽23号，因为那是梁时雨——我的好朋友，也因为他跟我住同一个楼，只要下几层楼便可到他家去"刻画"他标志性的"大头"。我屏息抽出了一张纸条，把眼睛微微地睁开一条缝，看清了上面的两个数字"2……2"。"是吕济舟！"有人大声喊道。我的嘴上虽说"真好"，可是心里却是很难受的——和23只差一号！可能这就是命运，我们俩就是有缘。

亲爱的吕济舟，你就像一个大圆头娃娃——圆圆的脑袋上长着软软的头发，摸上去像一个鸟巢。眼睛很大，被长长的睫毛覆盖着。鼻子长得很正，鼻梁像一条光滑的柳条下垂着一个圆鼓鼓的水滴。最引人注目的，就是你的笑。嘴的两边各有一个小小的洞——那是酒窝。

你很爱笑，这是你给我的第一印象。每次遇到什么好笑、好玩的事情，你总是第一个笑，毫不夸张。你每一次笑，总会露出两个深深的酒窝。

你虽然爱笑,可是你严肃的时候,又总是那么的庄重、严肃。嘴紧紧地抿着,两个酒窝还在,可就完全换了一个模样。如果别人在跟你说重要的事,你总是两眼看着跟你讲话的人,从不走神。可你在向全班讲话或管纪律的时候,你总是会扫视全班,不会只盯在一个人身上,更不会干自己的私事。

你不仅会笑,而且你的面部表情和肢体表达可谓是"应有尽有,无所不有"。在《猫》那场剧中,你演一只富贵猫。当时我还未上台,在下面仔仔细细地看我们班的剧,我注意到了你。我记得很清楚,你先是以一种走仪仗队的步伐走出来,脸上也显现出了一种放松的表情。可到了你的表演时间,你的表情一下子就丰富了起来:该笑的时候,你会微微一笑或开怀大笑;严肃的时候,你能面无表情或双眼圆睁。

你的肢体语言也很精彩。在演讲时,你的手会跟着你讲的东西来比画,让我们更容易懂。在发言的时候,你的手也会随着你所说的内容来挥舞。你也当过音乐课的指挥,手上的动作是那么协调。

你很爱学习,在学习的时候,你总是一言不发、专心致志。这一点,我真的得向你学习。在考试中,你总是刷刷地答完题,拿出一张稿纸来验算,直到做到自己觉得满意了为止。等卷子发下来时,你可能会错题,可是你再做这道题的时候,就再也不会出错。

你是一个很聪明的人,在编程中就可以看出来。我是六年级上学期加入的机器人社团。刚入团时,我什么也不会,我看了看你编的程序,一下子就目瞪口呆了——满屏都是花花绿绿的模块,让人看迷了眼。可你却可以清清楚楚地看出规律,让人羡慕不已。

你还是一个无论面对多大的困难也不低下头的人。那天,我们正在图书馆里准备科技节的展品,我看见你做了一个类似"皇室战争"的游戏。你始终找不到一个细节解决办法,你不放弃,坚持试了所有的办法,都没有成功。我看见你的汗正往下流,眼睛里也布满了血丝,可你还是不放弃。我就从这件事中看出了你对困难从不低头的品格。

　　因此,我说你是一个"多名牌的人",你的开朗,你的严肃,你的努力……都让我难以忘记!

第三章　想象篇

在想象中，与杜甫相遇，目睹他的破庐，终于理解"安得广厦千万间，大庇天下寒士俱欢颜"；在《小猫钓鱼》中，痛心环境污染，使美好生活不再；又穿越到两汉，看到"八十始得归"的老兵，听到他的叹息；在马和驴的经历对比中，感悟光鲜背后的惨痛代价；还有三维空间之外的3.5维坐标系，用以判断自身优缺点，预测能否成功……想象不仅是文学创作的方式，更是认识世界和自身的重要途径。来吧，让想象带我们飞！

评改要点

（1）获得题材大胆想象

我们清华附小的作文教学提出，想象文来源于生活，写作题材从生活中来，可以采用下列几种方法帮学生获得题材：一是围绕一句有意义的话来写，这句话就是想象文想要表达的主旨；二是从一件感人的事入手，现实生活中，将感人的事进行深入想象，也可编成童话；三是从有特点的人物联想入手，想象文也少不了人物，根据人物特点来展开想象；四是从打破常规获得写作题材，写现实生活中不可能发生的事情。

（2）创设一波三折的情节

得到材料，如何利用它编成故事，这是属于情节设计的问题。情节设计应该要有变化，不要落入公式化。我们可以在写文章之前画好一条情节曲线，通过情节曲线来调整故事的开端、发展、高潮、结局。这几个波折，可以通过专门的练习来体会并掌握。例如，写一个出人意料的结局，给出同样的一篇想象文，让学生们写出不同的新奇的结局。

（3）展开戏剧式样的叙述

像戏剧一般，如在眼前，如闻其声，尽量要多用一幕一幕的具体呈现来叙述，少用静态的叙述或说明的语言。在事件叙述上，除了注意修辞外，要多用动作、对话、环境衬托或心理描写，让故事中的人物自己演出来，推动情节的发展。

（4）体现想象文的主旨

很多时候，学生写想象文天马行空，洋洋洒洒写了很多，但是纯属自己想象的漫游，没有思考文章要表达什么思想或情感。想象文主要可分为两类：一类是写自己的设想、梦境、追求、愿望等;另一类是童话,运用拟人的手法,展开想象,将"物"想象成"人",编成故事,表达自己对生活的思考。可见,想象文也是从生活中来的,也要和纪实文章一样,表达思想或情感,与自己的生活密不可分。

(5) 注意刻画人物

想象文人物的刻画要领,有直接刻画,也有间接刻画。直接刻画就是站在作者的立场,直接把人物的外在特点,以及其他因素构成的性格"告诉"读者;间接刻画便是作者把"事实"摆在读者面前,让读者进而自行推断人物的特性。运用间接方式刻画人物,常用的有:人物自我表现(对话、动作、心理活动)、他人衬托(正衬、反衬、侧衬)、环境呈现三种。

评改实例

草稿篇 1

与杜甫相遇

庄奕楠

　　那天晚上,夜色朦胧,我正和衣欲睡,月光轻轻的,纷然如飘雪般洒下,那样柔和,那般梦幻。①不知不觉中,我被带到了一个陌生之地——这儿是李氏大唐。

　　我沿着一条乡间小道慢慢前行,小道是石子与沙土铺就的,已破败不堪。道旁有一小渠,渠水这般清澈见底,游鱼细石,直视无碍,静谧地流淌着。远远地模糊隐见一破房,再定睛一看,竟是座茅屋。茅屋四周满是些荒草,不远处还有一口井、一块不大的田,田中小麦青葱②,惹人喜爱。我快步走进这荒地之中的茅屋,推开门,心是惊的,动作是轻的。屋内的光景尤为冷清,仅仅只有一人、一桌、一椅、一床、一火炉而已!屋内潮湿,一老者坐于床沿,穿一件粗布衣,足踏一双破草鞋,口中频频长叹,③书桌上挂着两支毛笔、一砚台、一卷茅草纸,桌下一火炉,炉火光微弱,只偶见星星点点。

　　我与这位老者似曾相识,便上前问询:"敢问先生尊姓大名?"他苦笑几声,但未回答。

　　我觉得他是个做学问的,双眼深深地陷了下去,瘦得皮包骨头,狼狈不堪,眼中也没什么光彩。

　　终于,他抬起头,神情肃穆,盯着我看了许久,我心中一阵惶恐,怕他把我认成了贼。他沉默许久,最后他才对我轻声说:"我是杜甫。"④

　　我不敢相信这就是诗圣杜甫!他才华横溢又极善言辞,可

① 开头写得朦胧,描得细致,正适合故事"遇见"的氛围。但,如果我写,我可能会从八月暴风雨写起,这样更适合遇见杜甫,身入草堂。

② 小麦青葱可就不合适了,这草堂应该是在成都,那里种的是水稻。而且这"老无力"的杜甫,又如何能种田?读着都觉得可怜至极。

③ 这样写也是挺凄凉的。可怜的杜甫,这茅屋,还是朋友接济而来。

④ 穿越历史千年,遇见了杜甫,难道只报上姓名?可以有什么样的对话?这对话从平时背诵和阅读的杜甫诗歌中的疑惑而来。对话中,可以将你对杜甫的生活经历、诗歌创作、思想成就融汇进来,使你的文章更有内涵。

他的生活确是这样清贫！真是怪不得会说出这样的句子——"安得广厦千万间，大庇天下寒士俱欢颜，风雨不动安如山。呜呼，何时眼前突兀见此屋，吾庐独破受冻死亦足。"

我想，杜甫本人便是一位"寒士"，他忧国忧民，始终不忘初心。<u>他生活的点点滴滴都充斥着那一种无尽的悲凉、无限的痛楚，他真是一匹千里之马却未能戴上金辔头，不能为国效力。</u>⑤

遇见杜甫，是一种幸运，更能透底地感知到人世的酸甜苦辣与悲欢离合。⑥

总评：这篇文章给的是半命题作文"遇见_____"，而你选择了遇见杜甫，甚好！要想写好遇见杜甫，可不是件容易的事儿。首先，你的腹中要储备着杜甫的诗歌，并都能结合当时的历史事件背景去读懂、去体会。遇见，就有了相知的可能。其次，还有你对其人、其诗存在的疑惑。由疑惑入手，遇见，就有了你想要遇见他的意义。最后，还可能有实际游览杜甫草堂的经历，融入想象写起来，才会更加真切。此时就制造了基于想象下遇见的真实性。此文格局很大，如果融入更多你基于杜甫其人、其诗的理解、懂得，同悲同喜，你会写得更能打动人。

⑤ 这个比喻多恰当，确实如此！
⑥ 此处结尾结得很准确，但是因为前文没有铺垫，直接说"人世的酸甜苦辣""悲欢离合"，就不知道从何而来了！

修改篇1

与杜甫相遇

庄奕楠

那天晚上，夜色朦胧，我正欲和衣而睡，月光轻轻的，纷然如飘雪般洒下，那样柔，那样梦幻。恍恍惚惚中，我到了一个陌生之地——李氏大唐。

我沿着一条乡间小道慢慢前行,小道是由石子与沙土铺就,破败不堪。道旁有一小渠,渠水静谧地流淌着,清澈见底,游鱼细石,直视无碍。远远的隐约可见一破房,再定睛一看,竟是座茅屋。茅屋四周长着些荒草,不远的地方有几处低洼之地积满了透着寒意的水。我快步走近这荒地之中的茅屋,轻轻地推开门,不由惊讶。屋内的光景尤为冷清,仅仅只有一人、一桌、一椅、一床、一火炉而已!屋内潮湿,一老者坐于床沿,身穿一件粗布衣,足踏一双破草鞋,口中频频长叹,书桌上放着两支毛笔、一方砚台、一卷茅草纸,桌下乃一火炉,炉火微弱,只见星星点点的火光。

我与这位老者似曾相识,便上前询问:"此位尊者大名?"他苦笑几声,但未回答。我觉得他是个做学问的,他的双眼深陷,瘦得皮包骨头,狼狈不堪,眼中也没什么光彩。终于,他抬起头,用肃穆的眼神盯着我沉默许久,最后才对我轻声说:"我乃杜子美,少陵野老。"

杜子美,杜甫——我不敢相信这就是诗圣杜甫!他才华横溢,生活怎能这样清贫?一个清贫如此的人,却还惦记天下苍生。仿佛是看出了我眼中的疑惑,他起身吟咏起诗句来——"安得广厦千万间,大庇天下寒士俱欢颜,风雨不动安如山。呜呼,何时眼前突兀见此屋,吾庐独破受冻死亦足。"他静立窗前,再无言语,眉间是难言的苦楚。啊!这就是杜甫,这样忧国忧民的杜甫、始终不忘初心的杜甫!

遇见杜甫,他生活在那个时代的辛酸与无奈,他炽热的忧国忧民情怀,穿越千年仍使我震撼。

草稿篇 2

《小猫钓鱼》新传

孟庆杰

过了很长一段时间,小猫咪①长大了,成为了一只成年猫。儿时的贪玩,已不复存在。每当他下定决心钓鱼,总能得到收获②,他慢慢提高着自己的钓鱼技术。在此期间,他还建立了自己的家庭,有了一只小小猫,随着收获的鱼儿越来越多,生活质量也天天向上。

直到有一天,河里中的鱼不再像以往那样多了,大鱼也不知道到哪里去了,河里只剩下又小又瘦的几条小鱼了。③慢慢地,小猫因为吃这些鱼,以及在外面天天工作而生病了。④

小小猫便担任了钓鱼的工作,他来到了他爸爸从小到大钓鱼的地方。刚来到水边,一股臭气扑面而来,小小猫剧烈地咳嗽起来。他回想起小时候爸爸给他讲的故事,感到匪夷所思。那时,他的爸爸在花丛中抓蝴蝶,在草地中捉蜻蜓,在水边看鱼,在鸟语花香、树木丛生的地方生活。因为这些有趣的事物和美丽的场景而使他分心,所以无法专心致志地钓鱼。而现在,四周的土黑黑的,垃圾遍地,河岸旁只有枯枝烂叶,一阵阵刺鼻的恶臭味传来。再看小河,那清澈见底的小河,早已不复存在了,剩下的是一条臭水沟。在这种环境中,小小猫捏着鼻子,焦虑不安地等着鱼儿上钩,他也想四处玩耍。可是周围除了废弃的垃圾,就是枯藤老树昏鸦⑤,根本没有什么能吸引住小小猫的眼睛。费了好长时间,终于钓上来一条鱼,只见鱼的身上浮着一层厚厚的油。到家后,把鱼的肚子切开,里面黑乎乎的,都是废品,这下子小小猫明白了爸爸生病的原因了。

---

① 题目中虽然有,但还是要先交代这只小猫咪指的是哪个故事中的小猫咪。因为这只小猫咪是一个特定的人物形象,不是一般的小猫咪了。

② "得到收获",你再读读。有没有什么异样?

③ 修改作文,也是调整你的写作思路。此处,河中的大鱼没有了,只剩下小鱼,这是数量上的体现。而小鱼游的姿态如何呢?这就雪上加霜,更说明问题了。

④ 文似看山不喜平。此处就交代小猫生病的原因吗?是不是太早?

⑤ "枯藤老树昏鸦"在原诗里可是有美感的,如果非要用到此处,是不是分别写枯藤、老树、昏鸦,或打上引号。

小猫向河流上游走去。只见一座座工厂排放出的臭水流进了河中,垃圾废品也被人们随手丢进了河中,河里的鱼吃掉了垃圾便生病了。小猫很是无奈,只得带领家庭去寻找另一个适合生活的地方。虽不情愿,但也只能离开他的故乡,小猫望着自己的故乡,深深地叹了一口气。⑥

⑥ 看到深深地叹了一口气,就已经感受到了小猫的心情。如果此处,能够再渲染一番,与故乡告别给人的触动就更深了。

总评:这篇想象文源自一个耳熟能详的故事——《小猫钓鱼》,写成新传是因为感受到生活中环境保护的问题日益严重,有非写不可的必要。小作者用童话写现实问题,字里行间充满了对故乡童话般的环境遭受破坏的痛心,同时却也感到无奈,最终小猫只能搬离从小长到大的故乡,选择逃离。综上,此想象文的主旨具有现实意义,是一个少年对生活的观察、发现和欲改造。从想象的合理性而言,尤其值得肯定的是他将"小猫钓鱼"当初之所以分心的原因归结于环境美,充满对"小猫"的理解,与现有的环境相比,也合乎情理。最后,此文的想象奇特、丰富,但对小猫钓鱼的想象具有浓浓的"人味儿",这只小猫仿佛就是小作者自己,"儿时的贪玩,已不复存在。每当他下定决心钓鱼,总能得到收获,在此期间,他还建立了自己的家庭,有了一只小小猫",这想象是对现实生活美好的期待。

修改篇2

《小猫钓鱼》新传

孟庆杰

过了很长一段时间,《小猫钓鱼》中的小猫咪长大了,成为了一只成年猫。儿时的贪玩,已不复存在。每当他下定决心钓鱼,总能满载而归,他慢慢提高着自己的钓鱼技术。在此期间,他还建立了自己的家庭,有了一只小小猫,随着收获的鱼儿越来越多,生活质量也天天向上。

　　直到有一天,河里的鱼不再像以往那样多了,大鱼也不知道到哪里去了,河里只剩下又小又瘦的几条小鱼了。只见,水中的小鱼时而翻起白色的肚皮,时而奋力翻转回来使劲游几下。不知为什么,小猫生病了。

　　小小猫便担任了钓鱼的工作,他来到了他爸爸从小到大钓鱼的地方。刚来到水边,一股臭气扑面而来,小小猫剧烈地咳嗽起来。他回想起小时候爸爸给他讲的故事,感到匪夷所思。那时,他的爸爸在花丛中抓蝴蝶,在草地中捉蜻蜓,在水边看鱼,在鸟语花香、树木丛生的地方生活。因为这些有趣的事物、美丽的场景而使他分心,所以他无法专心致志地钓鱼。而现在,四周的土黑黑的,垃圾遍地,河岸旁只有枯枝烂叶,一阵阵刺鼻的恶臭味传来。再看小河,那清澈见底的小河早已不复存在,剩下的是一条臭水沟。在这种环境中,小小猫捏着鼻子,焦虑不安地等着鱼儿上钩。他也想四处玩耍,可是周围除了废弃的垃圾,就是枯藤、老树、昏鸦,根本没有什么能吸引住小小猫的眼睛。费了好长时间,终于钓上来一条鱼,只见鱼的身上浮着一层厚厚的油。到家后,把鱼的肚子切开,里面黑乎乎的,都是废品,这下子小小猫明白了爸爸生病的原因了:爸爸是因为长时间吃这些鱼并在恶劣的环境下工作而生病的。

　　后来,小猫一家向河流上游走去。只见一座座工厂排放出的臭水,流进了河里,垃圾废品也被人们随手丢进了河中。河里的鱼吃掉了垃圾,便生病了。小猫很是无奈,只得带领着全家去寻找另一个适合生存的地方。虽不情愿,但只能离开了他的故乡,小猫望着自己的故乡,深深地叹了一口气:别了,小时候的蜻蜓;别了,小时候的蝴蝶;别了,小时候那清澈的河流……

草稿篇 3

《十五从军征》扩写

孟庆涵

荒凉的山上只有松树直立着，秋风把黄叶吹到了树根处。战士们一去数千里，残酷的战争，还能让人回到故乡吗？①

他15岁就被征兵的人带走，从此在军队中做了一个伙头兵，战争胜胜败败，直到他80多岁，仍未结束，而他所在的营，已经不复存在，这才一路跋涉要返乡。②

回家的这一路，他不停地走，兴奋地想着：一会儿就能见到自己的家人啦！

可是刚到村子，一种凄凉的感觉就涌入了他的心头，他立刻就有了一种不祥的预感。③

突然，他看到了一老妇从远处蹒跚走来，及至跟前，仔细一看，来人正是他儿时的玩伴。只是经过漫长的岁月，她也已经白发苍苍了，看眉眼，依稀能辨。

他立刻气喘吁吁地跑上前去，激动地问："我们家中还有谁？"④

她十分悲伤，眼神还有些躲闪，支支吾吾地说："真想不到你还能回来，嗯，那里是你家，"她指着一间破旧的房子说，"松柏在一个个土坡上生长得很茂盛……"

他一听，就知道了是怎么回事儿，连忙跑到家中。⑤屋子里住满了野生的动物：野兔从狗洞中探出头来，野鸟从房梁上扑棱一声飞走了。

院子里长着野生的谷子，那野生的葵菜环绕着井台儿。他用捣掉壳的野谷子来做饭，摘下葵叶煮汤。

① 我理解你的"叶落归根"。写景渲染气氛，松柏与下文的冢，连成一片，令人隐约感到荒凉。此处还可以搭配几样别的景，构成一幅适合故事往下发展的图。

② 可以简单地勾勒这么多年中，他所见到的几次凄惨的战争场面，以及他日日思念的故乡是什么样，以此来控诉战争的可怕。

③ 此处转得太快，缺少过渡，战争中的小村子是怎样的，为何一种凄凉的感觉就涌上了他的心头？是不是因为他眼前的故乡与心心念念的故乡不一样？

④ 这个老妇人还能认出他来吗？几十年不见，难道不寒暄几句？他此时也已经八十多岁了，估摸着是跑不动了。

⑤ 此时，内心是怎样的情感，这时的步子还能是跑吗？还是一步比一步更沉重？

生锈的饭锅中,冒着热腾腾的气,他仿佛在这热气中看到了他小时候母亲含笑为他做饭的情景。<u>一阵寒风吹来,把这幅温暖的画面吹散了,留给他的只有无声的孤单……</u>⑥

饭熟了,他端着这简单的饭菜,来到了厅堂,却没有人与他一起吃饭。

<u>他站了起来,走出大门,向东张望,看着远处那一片亲人的坟墓,无声地痛哭起来,老泪纵横。</u>⑦

总评:一首汉乐府叙事诗,短短几行,却是一个流传千古的厚重的故事。小作者正是穿越历史遥远的时光,读懂了其中的真实、深刻,才有了必须写下来的冲动。这篇文章基本遵从了原作的内容,只是在大树的主要枝干上添叶加花,展现了儿童视角下的战争,令人感愤,也同原作品一样催人泪下。尤其文章中写到,在炊烟中,对幼时母亲做饭的想象,以及美好回忆镜像的破碎,使得读者的心也随之碎了。但由于小作者与此乐府诗的产生年代相隔甚远,人生的阅历也并不多,所以,还有一些细节之处有待修改,使其更加合理,更加丰满。

⑥ 这一段想象写得多好啊!看得人潸然泪下。

⑦ 你能理解他的心情吗?这是多么大的悲哀啊!一生就这样过去了,接下来的日子怎么过?

修改篇3

《十五从军征》扩写

孟庆涵

荒凉的山上只有松树还葱郁着,秋风在哀号,枯黄的叶儿堆到了树根处。战士们一去数千里,残酷的战争,还能让人回到故乡吗?

他15岁就被征兵的人带走,从此在军队中做了一个伙头兵,战争胜胜败败。他永远难以忘记,沙场上,他亲手送走了战死的同乡,还有守在一旁的乌鸦。战争中,他无时无刻不想着自己的亲人。许多晚上,他躺在寒风凛冽的军营,想象着村里的朋友,思念着母亲等待他的场景。可是,直到他80多岁,战争仍未结束,而他所在的营,已经不复存在,这才一路跋涉要返乡。

回家的这一路,他不停地走,兴奋地想着:一会儿就能见到自己的家人啦!

可是刚到村子,一种凄凉的感觉,就涌入了他的心头,房子倒了许多,村子破败得不成样子。眼前的村落哪里还是他心心念念的故乡啊!他立刻就有了一种不祥的预感。

突然,他看到了一老妇从远处蹒跚走来,及至跟前,仔细一看,来人正是他儿时的玩伴。只是经过漫长的岁月,她也已经白发苍苍了,看眉眼,依稀能辨。

他立刻气喘吁吁地走上前去,拄着杖,一瘸一拐地上前问道:"我们家中还有谁?"

她十分悲伤,眼神还有些躲闪,支支吾吾地说:"真想不到你还能回来,嗯,那里是你家,"她指着一间破旧的房子说,"松柏在一个个土坡上生长得很茂盛……"

他一听,就知道了是怎么回事儿,连忙挪到家中,一步比一步更沉重。屋子里住满了野生的动物:野兔从狗洞中探出头来,野鸟从房梁上扑棱一声飞走了。

院子里长着野生的谷子,那野生的葵菜环绕着井台儿。他用捣掉壳的野谷子来做饭,摘下葵叶煮汤。

生锈的饭锅中,冒着热腾腾的气,他仿佛在这热气中看到了小时候母亲含笑为他做饭的情景。一阵寒风吹来,把这幅温暖的画面吹散了,留给他的只有无声的孤单……

饭熟了,他端着这简单的饭菜来到了厅堂,却没有人与他一起吃饭。

他站了起来,走出大门向东张望,看着远处那一片亲人的坟墓,无声地痛哭起来,老泪纵横。一生就这样过去了,接下来的日子又要怎么独自走完?

草稿篇 4

马 和 驴

吕济舟

　　马住在一个商人的马圈里。它每天都有上等的饲料吃，商人也很爱它，不过它每天都要从商人的仓库驮许多货物去市场上卖。因此，每当它驮着沉重的货物累得上气不接下气地从屠夫家走过时，它就很羡慕屠夫家的驴。因为驴虽然没有好吃的饲料，但每天什么事儿也不用干。马每次看见驴，驴要么在呼呼大睡，要么在吃屠夫为它准备的饲料，或者在悠闲地散步。马心想：这才是我心目中美好的生活啊！

　　有一天，商人去与朋友聚会，把马自己留在家里。马便偷偷溜到了屠夫家里，看见驴正在埋头吃它的饲料。于是便走了过去问驴："为什么你每天只需吃、睡，什么活儿也不用干呢？"驴回答说："我哪知道。我还纳闷儿你为什么每天东奔西走，而我只要在这里睡觉，主人就会按时把吃的送来。"① 它们闲聊了一阵儿，马见商人回来了，怕他责骂自己不老老实实待在马圈里而溜出来玩儿，只好赶紧从驴那里跑回了它自己的马圈。

　　生活一如既往，马每天驮着货物从仓库跑到市场，再跑回商人家，累得恨不得直接瘫在它的干草垛上。每当路过屠夫家的时候，他依旧会看见驴吃饱了睡，睡醒了吃，而且一天比一天胖了起来。②

　　直到有一天，马又气喘吁吁地从屠夫家走过，却没有看见驴的身影。当它在市场卸货的时候，看见屠夫在商人的店前卖着驴肉，有许多人围着来买。这时马终于明白了驴为什么不用出力就有饲料吃，因为它付出的是它的生命。

① 驴说这话时是怎样的表情和语气呢？这个可悲、可怜的小人物，恐怕此时还没有感觉到任何危险吧！

② 马在此处作何感想，有什么样的神情呢？

生活中有一些人什么都不用做，却什么都有。不要羡慕他们，因为这背后他们一定付出了更惨痛的代价。

总评：这篇想象文写得太有深度了，有了寓言一般的智慧，一个马和驴之间的"小故事"，讲出了一个关于付出的深刻"大道理"。一个小学生能领悟至此，令大人们汗颜。不仅文章传递的思想令人赞叹，其文章的情节安排，也颇具匠心。小作者不厌其烦地一次次将马和驴的生活进行对比，从远远地观望、羡慕，到勇敢地直面、求解，再到仍各行其是、生活一成不变，直到文章结尾，情节突然来了一个大反转——马没有再看到驴，而在市场看到驴的结局。故事在此处戛然而止，而要表达的道理自然浮出水面。另外，文章的语言也很精致，没有多余的话，却是疏可走马，又密不透风。

修改篇 4

马 和 驴

吕济舟

马住在一个商人的马圈里。它每天都有上等的饲料，商人也很爱它，不过它每天都要从商人的仓库驮许多货物去市场上卖。因此，每当它驮着沉重的货物累得上气不接下气地从屠夫家走过时，它就很羡慕屠夫家的驴。因为驴虽然没有好吃的饲料，但每天却什么事都不用干。马每次看见驴，驴要么在呼呼大睡，要么在吃屠夫为它准备的饲料，或者在悠闲地散步。马心想：这才是我心目中美好的生活啊！

有一天，商人去与朋友聚会，把马自己留在家里。马便偷偷溜到了屠夫家里，看见驴正在埋头吃它的饲料。于是便走了过去问驴："为什么你每天只需吃、睡，却什么活儿也不用干呢？"

驴回答说："我哪知道。我还纳闷儿你为什么每天都要东奔西走，而我只要在这里睡觉，主人就会按时把吃的送来。"驴半闭着眼，嘴里哼哼了几声，一副爱搭不理的样子，似乎它高马一等。没过多久，马见商人回来了，怕他责骂自己不老老实实地待在马圈里而溜出来玩，只好赶紧从驴那里跑回了它自己的马圈。

生活一如既往，马每天驮着货物从仓库跑到市场，再跑回商人家，累得恨不得直接瘫在它的干草垛上。每当路过屠夫家的时候，他依旧会看见驴吃饱了睡，睡醒了吃，而且一天比一天胖了起来。马经过驴那儿，总要重重地叹上一口气，感叹命运的不公：给驴安排了那么逍遥自得的日子，而自己却整日里奔波。

直到有一天，马又气喘吁吁地从屠夫家走过，却没有看见驴的身影。当它在市场卸货的时候，看见屠夫在商人的店前卖着驴肉，有许多人围着来买。这时马终于明白了驴为什么不用出力就有饲料吃，因为它付出的是它的生命。

生活中有一些人什么都不用做，却什么都有。不要羡慕他们，因为这背后他们一定付出了更惨痛的代价。

草稿篇 5

3.5 维坐标系

谭 涵

你们听说过几维空间吧！就像零维空间是一个点，一维空间是一条线，二维空间是一个平面……可是你听说过"3.5 维空间"吗？

那是一个坐标系，我给它取名为"3.5 维坐标系"，是我在看见三维坐标系时想象出来的。"三维坐标系"，大家都知道有三个相互垂直的坐标轴，我在三维坐标系中又加了一个坐标轴，那就是我的 3.5 维坐标系。

可话说回来,我的坐标系不是用在数学上,而是用在整个的学习上。

假如把 X 轴看为语文,Y 轴看为数学,Z 轴看为英语,然后把考试分数标出来,连成一个三角形,那就是三维坐标系中的三角形。举个例子,我这次期中考试语文考了 93.8 分,数学考了 95 分,英语考了 99 分,照我上面的方法,就可以很清楚地看出我的优缺点。①

① 你可以举例说说嘛!是怎样的线条、角度,以及与学业的对应关系。

3.5 维坐标系中新增加的坐标轴是爱好与特长的"化身"。在语文、数学、英语外再加一个爱好与特长的坐标轴,就会出现不同的情况。

第一种情况:张开的伞形会带领你成功,你的爱好与特长会让你的成绩变得更好。②

② 此处没有进行文字解释,对于我这样的人来说,就只能猜想了。也许你可以标上图,以及序号。我能借助图来读懂,但最好还是要有文字说明,举个例子说一说。

第二种情况:半张开的伞形代表着你有可能不会成功,你的爱好与特长有可能会让你的成绩下降。③

③ 同上。

第三种情况:收起的伞形。听着就知道,你的爱好与特长发展得很好,但其他成绩被极度压缩,这样肯定不会成功。④

④ 同上。

3.5 维坐标系,让我更清楚了解自己,努力成长。

总评:在小作者的想象中,有一个奇妙的空间,它既不是一维空间,也不是二维空间,更不是三维空间,而是 3.5 维空间。这个空间坐标系,与他的生活息息相关,其中有语文、数学、英语,还有一个爱好特长项目,这个坐标系居然还可以用来判断自身优缺点,具有实用价值,这样的想象多么有意义。不仅如此,文章的结构、脉络还特别清晰,先写这个坐标系从哪儿来,再写了这个坐标系是什么,然后写了关于它的不同情况分析,层层递进,带动了读者的思维。最后,这篇文章的语言非常简洁,没有多余的语言,全是非说不可的话,说得明白、说得准确。

修改篇 5

3.5 维坐标系

谭　涵

你们听说过几维空间吧！就像零维空间是一个点,一维空间是一条线,二维空间是一个平面……可是你听说过"3.5 维空间"吗?

那是一个坐标系,我给它取名为"3.5 维坐标系",是我在看见三维坐标系时想象出来的。"三维坐标系",大家都知道有三个相互垂直的坐标轴,我在三维坐标系中又加了一个坐标轴,那就是我的 3.5 维坐标系。

可话说回来,我的坐标系不是用在数学上,而是用在整个的学习上。

假如把 X 轴看为语文, Y 轴看为数学, Z 轴看为英语,然后把考试分数标出来连成一个三角形,那就是三维坐标系中的三角形。举个例子,我这次期中考试语文考了 93.8 分,数学考了 95 分,英语考了 99 分,照我上面的方法,就可以很清楚地看出我的优缺点。

3.5 维坐标系中新增加的坐标轴是爱好与特长的"化身"。在语文、数学、英语等基础知识外再加一个爱好与特长的坐标轴,就会出现不同的情况。

第一种情况:张开的伞形会带领你成功,你的爱好与特长会让你的基础知识的成绩变得更好,你优秀的基础知识成绩也会让你的爱好与特长有发展的后续空间,相互促进、相辅相成。我崇拜的很多现代科学家都是这样。

第二种情况:半张开的伞形代表着你有可能不会成功,你的爱好与特长会让你的基础知识的成绩有可能下降,某方面基础知识的欠缺也会制约你爱好与特长的发展,这时你必须要补齐短板。我觉得很多大人口中所说的"瓶颈"应该就是这个原因。

第三种情况:收起的伞形。听着就知道,你的爱好与特长发展得很好,但基础知识成绩被极度压缩,这时爱好与特长的后续发展将会缺乏潜力,肯定不会成功,一定要避免。这也就是有一些"少年天才"最终没有成才的原因。

3.5维坐标系,让我更清楚了解自己,使自己更加努力成长。

佳作欣赏

我的梦和梦想

张济楷

我有很多梦想：拥有最完美的"飓风战魂"陀螺；发现更加神奇的四维空间；当一位乐善好施的大富翁；做一位名扬四海的作家……这些梦想有时会悄悄钻到我的梦里，这就是"日有所思，夜有所梦"吧？我很乐意白日的梦想在夜晚的睡梦中得到短暂的实现，妈妈说经常听到我在梦里笑出来的声音。可是有天晚上……

那是一个不平常的秋日，整个北京都笼罩在厚厚的雾霾之中，不管男女老少都戴上了口罩，大家的笑脸都看不见了，只留下一双双留在口罩外头警惕的眼睛。学校里所有的户外活动都被迫停止了。白天像夜晚一样昏黄，夜晚就更加黑暗，我无精打采地上了床，感觉总有一块石头压在胸前，难受地入睡了。

梦里，我的脚踏在一片似曾相识的土地上，这是哪儿？还是地球吗？空气热得令人窒息，漫天飞舞着垃圾和尘土，河流几近干枯，只有少数地方还残留着几摊黑色或者黄色的液体。没有树，没有小草，我极力寻找，也没有发现其他活着的生物。远处传来隐隐约约的爆炸声，似乎有更大的危险在向我一步一步迫近。突然意识到自己是地球上唯一的生命，我站在满目疮痍的旧日家园上抱头大哭。我满头大汗地从梦里挣扎出来，这个梦太可怕了，它就像我在电影里看到的世界末日一样。

第二天的大风刮走了雾霾，露出了北京秋天经典的迷人微笑。天空蔚蓝，红叶在灿烂的阳光下晃动着。和昨天比起来，我们好像生活在两个世界里一样。雾霾像梦一样消散了，可是昨晚的那个梦却永远沉甸甸地印在我的脑海里。此时，我心里诞生出了一个新的梦想，那就是我一定要干点什么，来留住天空的笑容、河流的笑容和人们的笑容，让昨天的雾霾和昨晚的那个梦永远只是梦而已。

四维空间·零维空间

杨子民

我一直在想，四维空间是三维空间的"投影源"，我们存在于三维空间，也就是一个独特的"体"中。

你一定要问：三维空间竟然是四维空间的"投影"？四维空间是时间与空间的结合，那它是否是梦？我们梦到的是在某一个时间段的场所中提出的片段结合除以片段的数量，这就是梦，也就是说是四维空间。

那四维空间是"虫洞"吗？"虫洞"也许就是黑洞。在"虫洞"中可以穿越到不同的地点，但是时间却还不会进行变化。黑洞是一个"无底洞"。它之所以是无底洞，是因为它把它吸进去的东西传送到另一个地方或者维度，它本来就是时空中的缝隙。所以，"虫洞"和黑洞都不是四维空间。

四维空间是永恒的，因为梦是永恒的，当我们快醒时，梦会尽快收尾。

四维空间还有很多秘密……

零维空间是否存在？

零维空间有可能存在，也有可能不存在。

它可能是不存在的，因为零也就是没有的意思，也就成了没有空间。竟然都没有空间了，就不能说它是几维了。

它也有可能是存在的，维度本来就是源于宇宙，而宇宙最原始就是一个想象不出来的小到至小的能量点，而这个点也许就是零维空间。

无数个点组成了线；无数条线组成了面；无数个面组成了体。

点，是一切事物的根源。

零维空间在这个角度上来说是存在的，可是在另一个角度上来说也许就是不存在的了。

我的这些想法正确吗？我希望有一天可以证实我的想法。

花　儿

武鹤恬

我是一朵花儿，一朵绽放在花园中的小野花。

在这个花园中，盛开了无数有名的花草，然而我却只是一朵路边随处可见的小野花，自然并不引人注目，只能安安静静地待在我可以待的小角落。

花园中不缺少耀眼夺目的花，玫瑰就是其中的一个。艳红色的花瓣，嫩绿色的叶子，它就是那么美。

一直紧闭着大门的花园居然开放了，花草们自然很开心，又有人可以来欣赏它们了，它们也可以听到许多赞美的话。

一天，两个人走进了花园，一男一女，男人看见了满园鲜花，并没有夸赞，而是采下了一朵玫瑰，插在了女人的发间。

随后，一朵又一朵的花儿先后被人们采走，有富贵的牡丹，有洁白的栀子花，有高雅的兰花，甚至一些野花也被先后采走，我却留了下来。

花园中的珍贵花草渐渐被全部采走，来的人也开始变少，一个大雪纷飞的冬日，许多花都已禁不住严寒而枯萎了。我也奄奄一息，花园的门却被吱吱呀呀地推开了，门因为许久没动，已经开始慢慢生锈了，从外面走进来一个满面沧桑的老人，环视了一圈后,幽幽地叹了口气:"只剩下一些野花了吗?"

老人走了出去,再也没回来,准确地说是再也没人来过这里。

多年后,沙土一寸寸淹没了这片土地,再没人知道这里曾盛开着那么多精致的花儿,我也被沙土淹没,埋入地底。

花开不同赏,花落不同悲,若问相思处,花开花落时。

爬 山 虎

梁时雨

紫禁城外,捕快那海(注:蒙古语中"那海"意为"狗")在集市里巡视着。此时正值深秋,他望着一堵土墙上摇摇欲坠的爬山虎出神,那爬山虎在秋风中瑟瑟发抖的样子,使他不禁想到自己一直想升官发财却屡屡碰壁的坎坷经历。正当他摇头叹息生活之不易时,忽然听到远处传来一阵嘈杂,便急忙带着他的手下德日朗和脱里前去查看。只见一个中年男子正抓着一个青年的衣领叫嚷,那海便把辫子捋了捋,用他那一贯威严的官腔问道:"嗯嗯,你们俩怎么回事?"

"大人,我名叫乌兰格包尔。这个贼偷了我的金链子,那可值100两银子呀。大人,你要为我做主啊!"中年男子愤慨道。那海上下打量了一番那两人,只见两人衣着都是典型的平民模样,粗布大褂,肥腿裤,脚穿一双布鞋,不同的是年轻人背着一个大布口袋。那海往口袋里瞅了瞅,果真有条金链子!那海心里想着不过就是两个市井小民而已,便顺势对那青年骂道:"你是什么东西?竟敢在光天化日之下,偷窃他人财物?简直可恶至极!看我不把你打入大牢之中!"

被抓之人一脸疑惑,只是发出"啊,啊"的声音,手还比画着什么。原来此人是个聋哑人!

正当那海准备给年轻人镣铐加身之时,围观人群中传出一个声音:"这人好像是纳兰亲王家的仆人,我认得这厮!"

那海脸色大变,慌忙唤来脱里,小声道:"你去问一下亲王家里是否有一个聋哑的仆人?"回头又冲着乌兰格包尔训斥了一番:"你看看这个可怜人,亏你说得出口,敢诬陷他。那链子本是他自己的,你弄丢了你的,反倒怪到他头上。""可是……"乌兰格包尔想辩解。"什么可是,你这种人便是最可恨的!"那海打断道。

这时候脱里回来了,怯怯地用气声在那海耳边说:"小的刚才去了亲王府,亲王微服私访去了,据说乌兰格包尔才是亲王府的管家!那个聋哑人呀,可能只不过是一个毛贼罢了。也许,纳兰亲王就在围观人群之中呐!"那海愣了一下,看了看旁边气急败坏的乌兰格包尔,随即瘫倒在地上,不省人事。

那夜,风雨交加,土墙终于还是坍塌了,爬山虎,枯萎了……

蒲公英的旅行

武鹤恬

作为一朵蒲公英,我一直自由地旅行在天地间,没有牵绊,有风我就可以飞。我走了许多地方,看了许多事情,落在哪里哪里便是家。

在一个即将大雨倾盆的阴天,乌云盖住了蓝天,风吹得树叶沙沙作响,我伴着风儿飞舞着,落在了一个女孩身上,女孩很着急,一直不停地念叨:"下雨了,下雨了……"

雨对蒲公英简直是致命的伤害,要是全身被打湿,那就飞不起来了,我想着可以和女孩一起回家等雨后再出来。

到了少女的家,她把外衣连同我一起挂在了衣架上,打开了风扇,风很暖和,也很大,少女外衣的衣襟被风吹起,我也被连带着吹离,落在了阳台上的一个花盆里。

日复一日,我在花盆里安家了,长出了不吸引人的叶子和花。在一个下雪的冬夜,我在暖气旁懒洋洋地打着瞌睡,少女来到了阳台,转过头,便看见了我,少女惊讶道:"蒲公英?"

少女一步步走来,伸手将我连根拔起,打开了窗户,轻轻吹了一口气,我的种子飞向窗外,转眼便消失在了漫天大雪里,我的旅程终于结束了。

我从故乡来到这里,却无法回去了,但我无牵无挂,这大概就是做一朵蒲公英的好处吧。

谁知道未来是什么样

梁时雨

谁知道未来是什么样?也许未来世界里到处都是终端设备。假如你想上厕所了,只需向人行道呼唤一声:"送我去厕所!"人行道便会将你瞬间传送到卫生间门口。如果不巧的是已经人满为患了,你将会被立刻送去下一个卫生间。

谁知道未来是什么样?也许未来世界的家里什么都不用摆放,因为每一面墙都被智能化了!它可以是一个视频播放器、一部电话、一个巨型游戏机、一个工作站、一个浏览器……你饿了吗?不如去体验一下食物烹饪机吧,它可是从国家级大厨那里"学"来的厨艺。川、鄂、粤、陕、湘……各个地方的菜式,它都能做得色、香、味俱全,甚至"满汉全席"也不在话下!

谁知道未来是什么样?也许懒人的福音到了,你再也不用为了购物跑东跑西了,因为现在的亚马逊无人机将来会迅速普及。并且你也不用担心商品的质量问题,因为只有获得相关部门批准的营业证书,商铺才可以在网站售卖物品。顾客还可以通过全息图像浏览物品的详细信息,并且每家商铺都有完整的售后服务体制,有任何质量问题均可退货哟,妈妈再也不用担心在某宝的差评购物经历了。

谁知道未来是什么样？也许未来的学校会变成无数所"巴学园"。学校根据每个人的能力而不是年龄来分配学习内容，每人都可以额外学习感兴趣的东西，但基本学习任务还是要在放学前完成。只有在学生不礼貌或犯错误时，老师才会稍微批评一下。学生若有不懂的东西可以直接问老师。校长室也不再是高高在上的了，校长会经常和同学们交流，不摆架子，接地气。

谁知道未来是什么样？也许未来的世界会有重大改变。随着人口的不断增多以及科技迅速发展，未来人类可能会往其他固态行星和卫星上移民，每个移民星球也都会有自己的星际舰队、政府、医院、超市……地球将只是其中一个个体！

没人知道未来是什么样。若人类继续不遗余力地破坏，地球也许很快便会消亡；若聪明的你在保护环境方面迈出一小步，全人类也都迈出一小步，那么这颗蓝色的星球和它创造的我们也许会一直一直存在下去！

我 的 理 想

李源峰

好久都没有写日记了，总是这么忙碌，记得在一本书里看到福克纳的一句话，他说有很多工作要做是可耻的，那我恐怕是很可耻的啦！我还看到卢梭竟说他自己的职业只是观察四季的轮回罢了。这也行？

其实，我最大的理想是去一个大大的图书馆做一个小小的图书管理员，一个可以被忽略不计的小小图书管理员。那个图书馆一定要藏在一片花楸树中，推开厚重的木格百叶窗就能摘到小果子。阳光透过树隙照下来的时候，几只小鸟会在树上时不时地唱上几句，虫子会唧唧地附和几声。我会拿起鸡毛掸子哼着快乐的小曲,在高大的书架间来回穿梭。

打扫完,再坐到窗台前的一米阳光里,把那本发了黄的《安徒生童话》摊在膝盖上,细细地品味一百遍——在海的深处,水是那么蓝,像最美丽的蓝色矢车菊花瓣……啊,我的人生就算完整了。

最小的时候,坐在屋前写作业。有个瘦小的河南叫花子来我家讨饭吃,奶奶给他盛了满满一碗饭,饭上面还盖了小山似的菜,黄的、红的、绿的……那乞儿乐颠颠地走了。我尾随其后,以为他就是《射雕英雄传》里的洪七公。只见他走进一片齐腰高的油菜地,放下手中的杖,拣了一块绿茵,一屁股坐在田埂上,大口吃着他的午餐。蜜蜂在他身边热闹地嗡嗡嘤嘤着。那一碗饭他好像吃了很久,揩一把嘴就躺在暖和的稻草堆里,只一会儿工夫,就听见了他的鼾声。金黄的油菜花、热闹的蜜蜂、温暖的阳光、饱饱的肚子、自由的双脚、不羁的生活……真羡慕啊!

躲在油菜地里的我,欣喜若狂地发现,原来世界上还有这么好的一份职业。于是,我乐颠颠地跑回家,在作业本上郑重地写下了一行字——我的理想是长大后能当一个小叫花子。

这之后,经过家长正确的、强势的劝导,我几次三番极不情愿地改变了自己的理想。现在不知道怎么就变成了图书管理员……

用孔儒的积极入世来评价这理想的话,它的发展历程就是一条抛物线,正有向上发展的小趋势;用老庄的无为而治来评价的话,我是醒悟了,并且向着越来越有出息的方向发展着。

30 年后

郭思彤

　　时间匆匆，一眨眼 30 年过去了。时间到了 2047 年，我也从一个没见过什么世面的小女孩变成了一个 41 岁的中年妇女。虽然我已步入中年，但还有一颗童真的心。

　　现在科技发展得真快，已经达到了人人不坐飞机就能飞的地步了。不过每日繁忙的工作还是把人压弯了腰，只能在天空中找到自由。

　　说着我就背上我的飞行器出发了。为了看得远，我飞得越来越高，飞过盘古大观，飞过鸟巢，飞过国贸中心……飞啊飞、飞啊飞。也不知道飞了多久，脚下的建筑已不是中式的宫殿，而是一些英式的红色小房子，"这，这么快！我都到英国了！"就在我想好好看一眼这美丽的英国小镇时，忽然一个小金球从我身边擦肩而过，接着一个声音随之而来，"让一下！"接着一道红光、一道绿光从我身体两侧一闪而过，那两道光紧跟着那个小球扎进了树林，又冲了出来。一切发生得太快、太快。忽然那个红衣服的小伙儿好像不太舒服，捂着肚子，像是要呕吐。我赶快冲了上去拍了拍他的后背，"啊！"只见那个小金球从他的嘴里掉了出来。我问："你还好吗？"他向我笑了笑，接着举起那小球，高喊："I got it!"接着，他告诉我，他叫哈利·波特，刚才那个游戏叫"魁地奇"，那个小金球叫"飞贼"。

　　"呼"一阵强风卷着黄沙刮了过来，刮得我都睁不开眼睛，等我睁开眼睛时，发现身边早没有了哈利·波特和飞贼，有的只是比萨斜塔和威尼斯的水城风光，我明白了，我这是在意大利。文艺复兴时期的建筑和浓重的艺术气息让我猜出这是佛罗伦萨——艺术家达·芬奇的故乡。

风呼呼地又吹了起来，刮得我睁不开眼睛。突然，"咣"的一声，我感觉好像撞到了一个东西上，我抬了抬脑袋想看到底谁把我撞成了这样。只见我的正前方有一架小飞机，只是——它是人力的，一个面红耳赤的男人正在驾驶它，可飞机还是一直在往下掉，一直掉到了草地上。为了不打扰实验，我躲在了一块大石头后面，看见他前前后后、反反复复做了不下 10 次的实验，最后，他累得直接躺在草地里睡着了。哦，这里是非洲的某个部落。没想到，30 年过去了，世上还有这样落后的地方。

回到家后，我就收到了老板发来的"你没去工作"的批评信，不过我并不后悔，反而觉得这比上班有意义多了。

我希望我的房间是……

肖云祺

我有一间自己的房间。

在那里，妈妈帮我讲作文，爸爸和我一起做题，我在那里可以一个人静静坐在床上看书……

虽然我也知道我已经长大，但我还是会在我的房间里做白日梦，这种感觉就好像看几米画漫画。我喜欢我的房间，不过有时候我希望我的房间跟现在不一样。

我希望我的房间长上翅膀。这样我就可以想飞到哪里，就飞到哪里了。我可以飞到月球上，看嫦娥奔月，看吴刚砍桂花树。两个孤独的人，到底在坚持什么？

我希望我的房间是一家服装店。衣服各式各样的，只要我一打开柜门，"哗"的一下，衣柜里头的衣服就会向我飞来，将我打扮得美美的。"女为悦己者容"，"我为悦己容"。

我也希望我的房间长在苹果树上。这样我想什么时候吃苹果，只要随便伸手一摘，就能吃到了。我还可以在苹果树上安装一个秋千,这样我就可以在秋千上荡啊,荡啊,感觉人都飞了起来。不管是亚当、夏娃的苹果,还是牛顿的苹果,又或是乔布斯的苹果,都是从我房间结出来的。

我还希望我的房间里有一个游泳池。这样我夏天可以游泳,冬天可以滑冰。

我更希望我的房间是一个魔术屋。墙壁是饼干,窗户是巧克力,枕头是面包,毯子是鸡蛋煎饼,柱子是油条,烟囱是棒棒糖。没关系,"吃货"的理想就是这么简单。

我特别希望我的房间长在云上。云的颜色有各种各样的,有的红得像玫瑰一样,有的黄得像香蕉一样。我的房子也是用云做成的。太阳是我的台灯,云是我的桌子,也是我的棉被。"白云生处有人家",我就住在杜牧的诗里。

是啊,我大了,大到都要小学毕业了。可是我的心愿却是这么小,这么"傻"。每当我自己一个人待在房间里放空我的思想,头脑中就会冒出这些奇怪的想法,想得我都忍不住偷偷地笑,我允许心里住着一个小小我,永远不长大。

如果我能再从"小豆包"开始

刘九毓

我想,六年级的我们一定都是想快快长大,去为自己的梦想而奋斗。但是如果时间能够倒流,让我们这一群快毕业的小学生重新过一次小学生活,你又会想做什么呢?

如果我能重新回到一年级那个被人叫作"小豆包"的时候,那个打打闹闹的时候,那个一会儿和这个同学好,一会儿又和那个同学好的时候……

如果我能再从"小豆包"开始,我一定要再多交几个好朋友,不仅是现在的小琳、小恬和小惟,我还要和班级的每一个女孩成为知己。不管是"女汉子"小美,还是"学霸"小王……我想和所有女孩儿玩在一起。

如果我能再从"小豆包"开始,我还想混进男生堆里,多和男生们一起去操场上踢踢足球,品尝一下在运动场上挥汗如雨的滋味儿。我再也不想去追打小马,他常常逗我,一定是他觉得我可爱,与众不同。

如果我能再从"小豆包"开始,我想成为一枚闪闪发光的"学霸"。多背背英语单词,每次单词默写都得满分。也要读万卷书,把"必读书"和"选读书"全部看完,誓把《三国演义》翻烂才罢休。那不好背的《报任安书》啊,我要倒背如流。

如果我能再从"小豆包"开始,也许还可以去竞选班长,我一定能入选!我会叫妈妈给我少报几个课外班,下课后多和同学在操场上玩玩再回家,课上再也不说小话了,这样还能带动别的同学,给他们做个榜样,这样,老师就不用为了维持纪律把嗓子都说坏了……很多很多事情当时觉得没什么,但是现在回想起来自己做的真是不够,也不好呀!

随着六年级的临近,毕业的脚步近了。虽然我不能再做一次"小豆包"了,但是很多以前做得不好的地方还来得及改正,希望在小学这最后的一年里我能做得更好。

第四章　描景篇

　　一沙一世界,一叶一菩提。亲爱的你我,落入这个美好的世界。春来了,问双飞的燕子几时回?那夹岸的桃花已经蘸水开;入夏了,看树荫满地日当午,梦觉听流莺时一声;也有清秋里的无边落木萧萧下,不尽长江滚滚来;更有隆冬中,千山鸟飞绝,万径人踪灭……用文字描景,一切景语皆情语。于是,我非我,我也成了一道风景。

评改要点

（1）安排好写景的顺序

不管是时间顺序——春、夏、秋、冬也好，晨、午、晚也好，又或是空间顺序——由远及近、由近及远，由表及里，自上而下、从下往上……写景都要做到线索清晰。例如，写儿时的小院，就可以按时间顺序来写四季变化的景物，在写具体的景物时，又可以根据空间顺序，有层次、有条理地写小院里的景物。当写游记时，就要把人的游踪与景物方位这两条线索结合起来了。

（2）突出体现韵味的代表性景物

要写好景，就必须确定什么是代表性景物，才能写出景的独特韵味。写秋景，可以选择柿树、菊花、秋风等有秋天特点的景物。但写清华园的秋天，柿树、菊花、秋风就只是普遍的秋了，该略写。而清华园有其特有的景物——银杏叶、荷塘、工字厅、紫荆树等，仔细观察，就连行走在清华校园里的人群也是不同于其他地方的。

（3）一切景语皆情语

"感时花溅泪，恨别鸟惊心。"原本客观存在的景物，当人带着主观的情感来看时，就被赋予了独特的情感。所以，反过来想，当你想要表达什么样的情感时，就将情感放到景物中去，成为生命的主题意义。古人云："情动而辞发。"一景一物无不关情。写出美景、写出情感，做到情景交融，才算写景高手。

（4）写景讲究构图、搭配

写景就像作画，有多种风格。有的写景文章将景物安排得错落有致，画面丰满。比如，写一棵玉兰树，写完树的姿态，写完花的样子，还可以搭配着和风、暖阳、孩子的笑声……这幅用笔描绘的画面就美了。当然,也有一些构图比较独特,就好像八大山人的《孤禽图》一样,整个画面就只有一只傲兀不群的鸟。在写景的时候,也有类似的写法,比如,"大漠孤烟直"就属于这种。在鲁迅的《故乡》中有写景"苍黄的天底下,远近横着几个萧索的荒村,没有一些活气"也是这样。总之,写景的作文与绘画有很多共通之处。

(5) 写景五感——形、色、声、味、触

写景要写得具体、生动,如临其境,就要打开所有感官来写。学生们一般只写看到的形、色,很少会注意声音,更不会写其味道,写其触觉。如峻青在《瑞雪图》里写雪,颜色是白茫茫、亮晶晶、五光十色的,雪的形状是银条儿、雪球儿、雪沫儿,声音簌簌落落,触感是毛茸茸、蓬松松、沉甸甸的。

评改实例

草稿篇 1

清华园之秋

肖云祺

时令已经是秋天了。

清华园的秋天是从我们学校的那棵柿子树开始的。①树上面结着好多个大大的柿子,真像一盏盏小灯笼,②不时还有几只喜鹊落在上面嬉戏玩耍。但是树上还是叶子多,果子少,因为现在是夏末初秋,和夏天差不多。有的时候,它们③开始发散出一种清香,使整个秋天充满了即将成熟的浓郁气息。

今天就像是一个过渡句,是夏末也是冬初。④

早晨,透明的露水闪耀着,清华园有一些凉意。天空雾蒙蒙的,仿佛撒了一层洁白的霜,新鲜而明静。太阳慢慢地升起来了,露水消逝,雾也渐渐散去了,柿子树闪烁着金光,绿叶金实。在秋天里又是一片秋天的明丽。

中午,我在小河边散步,看到路边的野菊花开了,有黄的、有紫的、有白的……⑤阳光洒在水面上,波光粼粼。河水里有几条小鱼,很小很小,小到不仔细看几乎看不到,它们成群结队地游着。一个淘气的小男孩向河里扔了一颗小石子,吓得小鱼儿们四下逃开,乱了队形,而那水面上则泛起了层层涟漪,一点一点漾开去。⑥

下午,我走在清华园里,微微带点儿凉意的风送来一缕缕清香,不知是礼堂前的草叶,还是河边的菊花,又或是高高的柿子树的。夕阳也即将收起最后一点儿温暖。天气逐渐冷了下来,天黑得也早了,人也逐渐地少了。远处的树影越来越黑,凝成一片墨绿。

① 这个写法很特别,人说"一叶知秋",你的秋天从一棵柿子树开始写,视角很独特。那棵树长在哪儿?你们每天是怎样张望、怎样期盼的?可以展开合理想象,将这一幕景写得更生动。

② 读到这儿,我想,既然初秋的树上仍是叶子多,那么柿子还并不是很红吧!不是很红的柿子藏在树叶里,是红灯笼吗?恐怕不是。

③ 它们指的是?是叶还是果,还是整棵柿子树?

④ 为何说也是冬初?可能秋天就是一个过渡句更准确些。

⑤ 开得怎样?只写了颜色,无法想象野菊花的热烈、蓬勃。

⑥ 写得真好!写景讲究搭配。写几条小鱼,搭配了一个淘气小男孩,和他手中的小石子,形成了一幅动态的画面,真实而又颇有生趣。

夜，终于来了。窗外的枫叶"沙沙"作响，远处的街灯闪烁着，我躺在小床上，想起张继古老的诗行——"月落乌啼霜满天，江枫渔火对愁眠"。

窗棂里的月，很圆很圆……⑦

⑦ 这一句话写得最美，多么有画面感，多美的清华园的秋啊！建议文章的结尾和"开始"呼应，这清华园的秋天从柿子树开始，到圆月结束。

总评：写景作文并不是小学阶段的重点，但却是难点。而你却写得这么有感觉。一是得益于你的阅读与模仿，名家名篇是我们学习的范本，学得多了，在他们文字的给养下，也就会慢慢形成自己文字的风格。写景文章，首先，要选择有特点的景物来写，文中的柿树、菊花、秋风等就是有秋天特点的景物。其次，要安排好顺序，你从柿树开始，按着一天中的三个时间点来写景，最后以月结束。言之有序，让读者看到一个完整的清华园之秋。当然，如果说建议的话，我感到还有两个方面的不足，一是没有能够抓住清华园秋天的特点，柿树、菊花、秋风是普遍的秋，而清华园有其特有的景物——银杏叶、荷塘、工字厅、紫荆树等，就连人群也是不同于其他地方的。二是写景要打开感官，去感知景物的形、色、声、味、触，让读者更真切地感受到你的感觉，将景物写细致。

修改篇 1

清华园之秋

肖云祺

时令已经是秋天了。

清华园的秋天是从我们学校的那棵柿子树开始的。那棵柿子树就长在教室的窗外，我们每天都会站在三楼俯瞰它，盼着它早日结出柿子，就像现在这样，树上面结着好多个大大的柿子，一个个都碧绿碧绿的，小脑袋藏在树叶里，偷偷往外张望。于是，我们又盼着柿子早日红起来。总有几只喜鹊落在树上面，叽叽喳喳地叫着，那样子好像也和我们有一样的心思：多么想飞在枝头，摸摸那一个个圆滚滚的柿子啊！虽是初秋，但有的时候，老师正讲着课，我就仿佛闻到柿子的味道，它们开始发散出一种清香，使整个秋天充满了即将成熟的浓郁气息。

秋就像是一个过渡句，是夏末，也是冬初，因为短暂，变得更珍贵。

早晨，透明的露水闪耀着，清华园有一些凉意。天空雾蒙蒙的，仿佛撒了一层洁白的霜，新鲜而明净。太阳慢慢地升起来了，露水消逝，雾也渐渐散去了，柿子树闪烁着金光，绿叶金实。在秋天里又是一片秋天的明丽。

中午，我在小河边散步，看到路边的野菊花开了，有黄的、有紫的、有白的……在其他花开始凋零的时间里，它们努力展现出一生中最美的样子，开得热烈，开得蓬勃。银杏树高高地站在阳光下，一片片像小扇子一般的叶子映照着太阳的金光，它们什么时候才会变得金黄呢？阳光洒在水面上，波光粼粼。河水里有几条小鱼，很小很小，小到不仔细看几乎看不到，它们成群结队地游着。一个淘气的小男孩向河里扔了一颗小石子，吓得小鱼儿们四下逃开乱了队形，而那水面上则泛起了层层涟漪，一点一点漾开去。

下午，我走在清华园里，微微带点儿凉意的风送来一缕缕清香，不知是礼堂前的草叶，还是河边的菊花，又或是高高的柿子树的。夕阳也即将收起最后一点儿温暖。天气逐渐冷了下来，天黑得也早了，人也逐渐少了。远处的树影越来越黑，凝成一片墨绿。

夜，终于来了。窗外的枫叶"沙沙"作响，远处的街灯闪烁着，我躺在小床上，想起张继古老的诗行——"月落乌啼霜满天，江枫渔火对愁眠"。

窗棂里的月，很圆很圆，是清华园之秋的美丽句点……

草稿篇 2

夜幕下的校园

唐凯文

今天,我放学很晚,准备回家的时候天已经黑了。不巧的是,我刚走出不远,就发现有东西忘在学校了,只好返回去取。我本来还为耽误了回家而有些懊恼,却不料这一次的意外让我第一次欣赏到了夜幕下的校园美景。

当我取完东西往校外走去的时候,绕过最后一道墙,我无意地回了一下头,突然被眼前的景色吸引住了。这时四周已一片漆黑,只有几盏路灯和修远楼上的那个大钟还亮着。<u>这点微弱的光映着四周的教学楼,显得那么宁静、安详。</u>① 这时,有的教室灯已经黑了,而有的教室的灯还亮着,一定是还有老师仍然在<u>辛勤地工作着。</u>② 学校的知行楼和启程楼前的那两块空地,<u>也显得和白天时截然不同。</u>③ <u>此时那里空无一人,白天的喧闹已经完全消弭了。</u>④ 弯而细的月亮挂在天上,虽然没有圆月那么耀眼,可却显得更加修长、秀气。我想如果能在那里静静地坐一会儿,也会是非常的享受。

<u>这,就是夜幕中我们美丽的校园。我不会忘记这难忘的景色。</u>⑤

总评:凯文是班长,是个近1.8米的大男孩,素来严肃,不苟言笑。但是,从写作上来看,他的很多文章都写得很细腻,可见情感很丰富,内心也有很柔软的一面。这篇写景的文章尤似朱自清先生的《荷塘夜色》,是偶然间的风景,是换个角度的美丽,是喧嚣外的宁静,从主题内容上来说,很值得记录。文章结构上,从懊恼的心绪写起,一个回首,景在眼中一点点展开,虽没

---

① 这光除了微弱之外,还有怎样的特点,就像家中的装饰一样,一盏灯就是一个不同的氛围。什么颜色,照在多大范围,有什么形状……

② 有的……有的……这是单个儿景的写法,是特写。再跳出来,看看三座教学楼楼群是什么样?联想联想,是不是像瞌睡的眼?或者像音乐剧《猫》中的黑暗里的一双双明亮的眼。

③ 这空地旁的丁香树、玉兰树等树木是什么样?那形状,那颜色,那姿态……

④ 月色下的华宇池也可以写写。

写景一定要有搭配,比如,微微的风吹来,送来了什么样的味道?如果是我,我会写自己愿变作华宇池中的一尾鱼,微风吹来,恍惚中,这校园夜景像一池水摇曳了一下,又复归宁静?

⑤ 结尾似乎太简单了,缺少情感的注入。这偶然间遇到的景,是意料之外的惊喜,更是别样的风景,何曾想到校园还有这样安静的一面?

有写出多么不一般的景,但静谧、祥和的味儿营造得很好,直至想坐下来享受这份美丽。唯一不足之处,在于写景的视角没有打开,写景讲究搭配,单调的几样景物也许是与"静"相配的,但搭配几样其他的景可以将"静"更深描一笔。

修改篇2

夜幕下的校园

唐凯文

今天,我放学很晚,准备回家的时候天已经黑了。不巧的是,我刚走出不远,就发现有东西忘在学校了,只好返回去取。我本来还为耽误了回家而有些懊恼,却不料这一次的意外让我第一次欣赏到了夜幕下的校园美景。

当我取完东西往校外走去的时候,绕过最后一道墙,我无意地回了一下头,突然被眼前的景色吸引住了。这时四周已一片漆黑,只有几盏路灯和修远楼上的那个大钟还亮着,发出微弱的光。这光洒在静静的校园里,给校园笼上一层薄雾,些许微小的灰尘在灯光下慢慢地上升,又落下。四周的教学楼,显得那么宁静、安详。这时,有的教室的灯已经黑了,而有的教室的灯还亮着,遥望去,整个教学楼像是拉开了音乐剧《猫》的序幕,黑暗里闪烁着一双双明亮的眼。原来,这么晚还有老师在工作着,这正是歌里唱的"静静的深夜,群星在闪耀,老师的房间彻夜明亮……"我迈步走到学校的知行楼和启程楼前的那两块空地,这里也显得和白天时截然不同。白天的喧闹已经完全消失了,现在这里空无一人。空地旁的玉兰树,高高地站立着,举着白手绢一样的几朵洁白发亮的花。而丁香树只剩下一大蓬圆圆的树冠,看不清树枝、树叶儿,模糊中只感到圆得可爱。弯而细的月亮挂在天上,虽然没有圆月那么耀眼,可却显得更加修长、秀气。月光下的华宇池荡漾着一池清波,看不清小鱼儿,偶尔传来"噗啦"一声,那一定是哪条小鱼淘气地跃出了水面。我久久地站立着,一阵微微的风吹来,我仿佛变成了华宇池里的一尾小鱼,恍惚中,这校园夜景也在池水中摇曳了一下,又重回宁静。

这,就是夜幕中我们美丽的校园,没想到是这样的静、这样的美,我起初的懊恼早已不见踪影。

草稿篇 3

雨

陈楚玥

星期五,下了一天的小雨,白痕交错,空气中散发着小草的清香,在朦朦胧胧中,只见一棵松树挺拔地站在风雨中。从窗户里往外看,只能看见<u>绿白的色块</u>。^①小雨从窗户边掠过,在窗户上留下<u>又白又透的线</u>,^②渐渐的窗户上到处都是白线,有的交织成一把小叉,有的是平行线,还有的成了一朵小花,<u>从它的中间向外看去,景色好像放大了好几倍。</u>^③

<u>在我们放学后的几分钟里</u>,雨不停地拍打着我的脸,眼睛勉强看到前面的白线,^④白线往不同的方向倾斜,几乎没有直直往下落的雨,那是淘气的风在作怪,一会儿向左吹,一会儿向右吹,把从天而降的弱小的白线吹得零零散散,小巧的雨已经找不到方向了,有的往大楼上飞,还有的往地上砸,有的直接飞进大楼里了。

再次出门,刚出门后,就被活泼的雨打中了额头,有些凉,还有些痒,我朝雨点飞来的地方看去,在朦胧间看见一棵小松树,<u>立在草丛中,早已经被雨点打得不成形了,</u>^⑤再加上风的疾速飞

① 此处,"绿白色块"埋下了伏笔,很好。但用"绿白色块"形容一棵小松树,方方正正,是否太僵硬?
② "又白又透"的线是怎样的?可以尝试使用带有自己感受的语词,但是要表意明白、准确。
③ "它"又是指的什么呢?这"放大了好几倍"的景色是怎样的?可以描绘一番吗?
④ 没有带伞?当然,在不常下雨的北方,看到下雨是很欣喜的,我也会很乐意在雨中漫步,随性一回。
⑤ 此处应该细细描摹,枝、叶等是何等状况?"不成形"是什么样的形?这"不成形"三个字是让读者来体验的,而不是直接写到这里即可。

过,似乎一点抵抗力都没有了,有些高草还想顽强抵抗,但雨毕竟下久了些。它们已经站不起来了,都纷纷往旁边的小松树那儿靠,希望得到一点保护。小松树那针形的叶子快垂了下来,但它依然独立地站在雨中,雨打在它棕色的树干上,慢慢地滑了下来,如果这棵小树有树精⑥,我猜它,一定在咬牙坚持,因为雨滴水穿石,连绵不断,但松树的精神是坚韧不拔的。

雨还在下,树还在坚持……⑦

总评:楚玥,你是个心思细腻的女孩,因为观察入微,又善于联想,勤于思考,所以近一年来,文章大有长进,写出了不少好篇章。在这篇文章中,尤其可见的:一是其细腻,生活中颇为平常的一场雨、一棵松,就落入了小作者的眼睛里。于细小处着笔,雨的形、色、声等一一写来,描写细致而丰富。而松的描写,从一开始的模糊影像,到后来的走近,在风吹雨打的动景中一点点展开,写出了它的顽强。除了细腻,就是想象了。一个缺乏想象力的孩子,看到雨和松,恐怕雨只是雨,松只是松了。但小作者却让二者间发生了故事,看到了在风雨中负隅顽抗的松。如果说不足,可能要思考的是你究竟要表达什么,以及是否适切的问题了。还没有见过如此顽强的松,被"小巧""活泼""淘气"的风和雨来欺负。如何修改?

⑥ 在"树精"后,我想到《墨梅图题诗》,如果照此写法,应写作:如果这棵梅树有树精,我猜她,一定在咬牙坚持,因为世道浑浊,唯她散发清气,此等精神是多么卓尔不群。哈哈!

⑦ 此刻,请你将文章开头两段拿来再读,加之结尾"雨还在下,树还在坚持……"你觉得文章的题目"雨"是否合适?所以,文章写成之后,再回首审视题目的必要性很大。

修改篇3

雨 下 松

陈楚玥

星期五,下了一天的小雨,白痕交错,空气中散发着小草的清香,在朦朦胧胧中,只有一棵松树挺拔地站在风雨中。从窗户里往外看，只能看见模糊的绿和白。小雨从窗户边掠过，在窗户上留下洁白而透明的线，只能隐隐约约地看清风景。渐渐地窗户上到处都是白线，有的形成一把小叉，有的是平行线，还有的成了一朵小水花，从它的中间向外看去，景色好像放大了好几倍，好像小时玩儿的哈哈镜，中间放大无数，旁边缩小很多。

我们放学后的几分钟里，雨不停地拍打着我的脸，眼睛勉强看到前面的白线，白线往不同的方向倾斜，雨几乎是没有直直地下过，那是因为淘气而凛冽的风在作怪，一会儿向左吹，一会儿向右吹，把从天而降的弱小的白线吹得零零散散，小巧的雨已经找不到方向了，有的往大楼上飞，还有的往地上砸，有时直接飞进大楼里了。然而，雨大了起来。

再次出门时，就被活泼而"强势"的雨打了额头，有些凉，还有些痒，我朝雨点飞来的地方看去，在朦胧间看见一棵小松树，立在草丛中，松枝垂了下来，松叶也微微坠下。小松树早已经被雨点打得不成形了，再加上风的疾速飞过，似乎一点抵抗力都没有了，有些高草还想顽强抵抗，但雨毕竟下久了些。它们已经站不起来了，都纷纷往旁边的小松树那儿靠，希望得到一点保护。小松树那针形的叶子垂了下来，但它依然独立地站在雨中，雨打在它棕色的树干上，慢慢地滑了下来，如果这棵松树有魂灵，有精神，我猜它，一定在咬牙坚持，就像王冕在《墨梅》中写到的梅一样，世道浑浊，唯她散发清气，这精神是多么卓尔不群。

雨还在下，树还在坚持……

草稿篇 4

永远的风景

薛媛媛

在我幼时所居住的家里,有一个不大,但也并不算小的院子。这个小院,是我的"百草园"。①

春天到了,阳光暖暖地洒进这个小院里,小院里花香满园,百合、风信子、鸢尾都开了,整个小院是五彩斑斓的。百合是粉色和白色的,清丽淡雅;风信子则是蓝的、紫的,逸出香气,浓郁而芬芳……而我最喜欢的是鸢尾,我喜欢它的姿态、它的颜色。②远远望去,它像一位含笑的少女一般亭亭玉立,近看去,它的花瓣边缘是浅紫的,而中间是白色的。

夏天来了,小院绿树浓荫、枝繁叶茂。柿子树满树结着青绿色的柿子,玉米也郁郁葱葱,浅绿色的玉米穗弯着腰,已经长出的玉米冒着白色的丝,好像是满头的金发。③

秋风送爽,这是柿子树最美的一个季节。柿子树的叶子很美,有红的,有橙的,也有绿的。④柿子树上缀满了沉甸甸的柿子,这些黄得透亮的柿子,像一个个可爱的小灯笼。秋风吹过,一个个"小灯笼"轻轻地摇曳,闪烁着光芒。

秋去冬来,下起了纷纷扬扬的雪。小院盖上了一层厚厚的白毯,雪也盖住了一切声音,冬日清晨里,小院也是寂静的,洁白的。⑤

童年的小院,尽管我已不经常去那里,但你仍然是我心中那道永远的风景!⑥

总评:媛媛,你是一个热爱生活的女孩。不论学习有多么忙,也不论心情好坏,总也热爱生活,总也有生活情趣,绝对是一

---

① 我怀疑不是所有人都知道"百草园"。需要你给"百草园"一些注脚。

② 究竟是怎样的姿态和颜色?写得远远不够。如果我不知道鸢尾,怎么办?或者你家的鸢尾和我所知道的也是不同的。展开来,像工笔绘画一样,可一笔笔细致描述,亦可如泼墨,洋洋洒洒。

③ "已经长出的玉米冒着白色的丝,好像是满头的金发"白色的丝如何是满头金发?我们常常因为使用某个较为固定的词语或词组"满头的金发"等,而失去了品位、判断力。所以,有的现代诗诗人说不喜欢成语、俗语、典故。希望你所用的词语都是自己的真实情感和真切体验。

④ 此处少一句,这是怎样的美?红、橙、绿……这一树的色调,与绘画有什么共通之处?

⑤ 此处《下雪的早晨》的味道,何不将诗直接引用?

⑥ 文章结尾能不能与文章的结构所体现的"四季"有所关联?那四季的轮回,是不是仍在记忆中周而复始?

种罕有的能力。这就形成了你写作的基本情感、基本思想、基本色调。而另一方面,你的语言也是经过锤炼的,所以写来精巧、圆融。当然,如果在一幅小院的美景中,能有你的身影、有你留下的生活痕迹,这篇文章会更打动人。你一定读过鲁迅的《从百草园到三味书屋》,小孩子的那些游戏多有趣。萧红的《祖父的园子》,那一对爷孙,那么多宠爱,那么多自由。你也一定看过圣埃克苏佩里的《小王子》,读到小狐狸说的"驯养",即发生联系。世上的玫瑰花很多,而小王子的那朵才是最美,因为他"驯养"过她。而你的鸢尾花同样是世上最美的,因为你们之间有故事。

修改篇 4

永远的风景

薛媛媛

在我幼时所居住的家里,有一个不大但也并不算小的院子。这个小院,是我的"百草园",如同鲁迅先生幼年时的乐土。

春天到了,小院里花香满园,阳光暖暖地洒进这个小院里,百合、风信子、鸢尾都开了,整个小院是五彩斑斓的。百合是粉色和白色的,清丽淡雅;风信子则是蓝的、紫的,逸出香气,浓郁而芬芳……而我最喜欢的是鸢尾,在小院里开满鸢尾的地方,也是阳光的最深处。远远望去,它们像一位位含笑的少女一般亭亭玉立,在阳光下逸出若有若无的花香。近看去,它的羽状的花瓣上还滚动着晶莹剔透的露珠,边缘是浅紫的,而中间是白色的,它与别的花不同,它有三片花瓣是合拢在中间的,另外三片花瓣是张开的,仿佛小鹰漂亮的尾翼。鸢尾总在四月开放,于是,在人间最美的四月天里,它成了我最美的回忆。

夏天来了,小院绿树浓荫、枝繁叶茂。柿子树满树结着青绿色的柿子,玉米也郁郁葱葱,浅绿色的玉米穗弯着腰,已经长出的玉米冒着白色的丝,像一束素锦。

秋风送爽,这是柿子树最美的季节。柿子树的叶子很美,有红的、有橙的,也有绿的。各种颜色交织在一起,深深浅浅,好像一幅堆满油彩的画。柿子树上缀满了沉甸甸的柿子,这些黄得透亮的柿子,像一个个可爱的小灯笼。秋风吹过,一个个小灯笼轻轻地摇曳,闪烁着光芒。

秋去冬来,下起了纷纷扬扬的雪。小院盖上了一层厚厚的白毯,雪也盖住了一切声音。冬日清晨里,洁白的雪盖满了院子,洁白的雪盖满了屋顶。

童年的每一个日子,从小院的四季轮回开始。而今,那小院仍在我的记忆中,那玉米是不是还郁郁葱葱、那鸢尾是不是还亭亭玉立、那柿子是不是还那么浑圆可爱……它们还在我的记忆里周而复始地一岁一枯荣。童年的小院啊,你是我心中永远的风景!

草稿篇5

聆听花开的声音①

庄奕楠

花开本是无声无息的,你不能预测,无法感知,更不能揣摩,但我却要静听这茫茫草原上花开的声音。

我爱花,我最挚爱的花是丁香和格桑花,丁香精美小巧,格桑清雅柔润。②有一个假期,我随家人来到云南玉龙雪山下的那片高山草原,那儿的草鲜嫩、水亮。打远处便能闻到一阵阵自然、朴素的草香。我们的车从山坡开到一片低洼地,我本以为这里也是望不到头的满眼的碧绿,但我看到的却是———一片花海!

① 题好一半文,这个题目出现得太多了,如果你不能写出独特的感受,尽量不要用这样耳熟能详的题目,因为这不能引起读者读下去的欲望。

② 纵观全文,其实与丁香的关联不太大,就可以忍痛割爱了。不然,读起来,仿佛走进了一条岔路,绕进去,还出不来。

那是一片什么花？是草花、是雏菊、是太阳花？不是，都不是。那连片的花海里全是盛开的格桑花！③有浅紫的、有玫红的、有奶白的，还有柔粉的。我急忙提出要下车看看，待爸爸停好车，我撒丫子冲出了车门，跑进那片花海。阳光洒在每一朵花的瓣上和枝上，还有蕊上。高原的太阳尤其炙热，可这格桑花却一点也不怕晒，挺直了脖颈沐浴在阳光下。④我仿佛把心中积攒了一年的酸甜苦辣⑤都统统倒了出来，再收回时，那酸甜苦辣都已烟消云散。我荡漾在花海里，好似一片花瓣，任清风送到哪里。⑥我听到了花开的声音。

草原上的这片嵌在碧绿中的"新月"，⑦我永远无法释怀。每每看见格桑花时，我首先忆起的便是这片花海，这片永远荡漾在我心中的最美的花海！

总评：楠楠，你现在越来越会写了，生活中的点点滴滴都能触发你的感想。有时陶醉其中，有时浮想万千，有时思考深邃……这篇文章胜在境界：一碧千里的草原上，一弯开满格桑花的"新月"，如梦如烟。最好处就好在你赋予格桑花生命的深刻意义——一点也不怕晒，挺直了"脖颈"沐浴在阳光下。"万物有灵"，一朵小小的格桑花，成了不怕困难，勇于迎难而上的小英雄。你在朴素的生活中寻找到了深刻的意义。这令我想起了诸多的题咏诗：王冕的"不要人夸好颜色，只留清气满乾坤"；郑板桥的"千磨万击还坚劲，任尔东西南北风"；还有王安石的"墙角数枝梅，凌寒独自开"……你延续了前人的咏物思想。当然，凡事都有两面性，你的文章恰恰多了一些固有格式、套路。此文最大的难点，也成了缺点，便是你的拟题。你使用了一个大家耳熟能详的题目"聆听花开的声音"，却不能写出深意，更难以写出新意，它成了套住你文字的樊篱。

③ 此处可以浓墨重彩，好好描绘一番。格桑花的花瓣、花蕊、花茎等各是什么样的形状？凑近闻的味道？阳光下，近看的色彩。微风中，摇曳的姿态……所有这些，都要朝着此时格桑花对你而言所代表的意义来塑造。

④ 此处缺少必要的过渡。你看到这片花海，会联想到什么经历？

⑤ 一年的酸甜苦辣指的是什么？要在这里，展开一幕幕往事，用几句话勾勒一番。

⑥ 此处展开联想，一片任清风送到哪里的花瓣，会送到哪些美好的地方？联想后与听到花开的声音如何接续？是不是你虽想到这样一个题目——聆听花开的声音，却不明白其里究竟是什么意思呢？

⑦ 此处的"新月"是指什么？前文没有铺垫，突然写来，让人摸不着头脑。这片"新月"的美，到底是怎样的，还要勾勒两笔，才能让人无法释怀。

好作文是改出来的

修改篇 5

格 桑 花 开

庄奕楠

  花开本是无声无息的,你不能预测,无法感知,更不能揣摩,但我却要静听这茫茫草原上格桑花开的声音……

  我最喜爱的花便是这格桑花,我爱格桑花的清雅柔润,外柔内刚。有一个假期,我随家人来到云南玉龙雪山下的那片高山草原,那儿的草鲜嫩、水亮。打远处便能闻到一阵阵自然、朴素的草香。我们的车从山坡开到一片低洼地,我本以为这里也是望不到头的满眼的碧绿,但我看到的却是——一片花海!

  那是一片什么花?是草花、是雏菊、是太阳花?不是,都不是。那连片的花海里全是盛开的格桑花!远远望去,犹如绿草原上的一弯新月,散发着诱人的白光,吸引着我。再近点儿,才发现,这格桑花里,有浅紫的、有玫红的、有奶白的,还有柔粉的……我急忙提出要下车看看,待爸爸停好车,我迫不及待地冲出了车门,跑进那片花海。阳光洒在每一朵花儿的瓣上、枝上,还有蕊上。凑近看,花蕊的中间细而密,分外清雅;花瓣很薄,阳光仿佛从花瓣里穿过,再投射到草地上。而花瓣的颜色也比在其他地方看到的更加纯粹,没有掺杂哪怕一丁点儿杂质。正午高原的太阳尤其炙热,可这格桑花却一点也不怕晒,挺直了脖颈站在阳光下。看着眼前这望不到边的花海,看着这一丛丛、一枝枝不怕炙热阳光的格桑花,我忽然觉得它们不正是我的榜样吗?我想到,那些钢琴前日复一日的枯燥练习,那些为了考一个好的数学成绩而付出的艰辛努力,那些与朋友交往中的磕磕绊绊……我坐在花海里,好似变成了一朵格桑花,任清风送到哪里。所有的困难,都成了我生命里的阳光,而我就沐浴其中。

  我总是忆起这片花海,这片给我启示、永远荡漾在我心中的最美的花海!

佳作欣赏

海

陈楚玥

  岸边的小船一点一点地变小，慢慢地缩成了一个白色的小点。每当船经过，平静的水面都会绽开一簇簇雪白玲珑的茉莉。然后，慢慢漂浮至远方。眺望远方，隐隐约约见到绿色的小岛和海的尽头……

  阳光下的波涛显得尤为活泼，如高山一般连绵起伏向船滚来，然后重重地敲击着船身，荡起银白的雪花。细小的白精灵跳跃在碧海的卷浪里，发出银铃般清脆的声音。然后，为青色的大海填一抹白。

  一艘船从海的深处游来，身后舞动着白色的彩带。一层又一层地摇动。像尾巴，像鱼鳞，闪烁在午后的阳光下。当船游走后。它的尾巴久久不能消退，好似蛇柔软的身躯，在海面上留下美丽的白痕。

  起风了，海风温柔地拂过我的发丝，轻轻地划过海面。青蓝色的浪花被风卷起，跃起点点斑斓。如鸟儿般，在碧蓝中划过一丝弧度，然后坠入深邃的大海。

  夕阳西落，海面红光粼粼，犹如亿万面红妆粉黛的镜子。黑红的痕迹交叉相映，映出的是一段绝美的乐曲。浪花演奏着，在夕阳的辉映下，反出翩翩银光，似乎下一秒就如同蝴蝶，跃出水面，发出柔柔清光。鸿鹄东来，宽大的羽翼遮住了半边夕阳，一个美丽的俯冲，那爪足伸入了幽蓝的海水，抓住了挣扎的鱼儿，带着悠扬，画出一道弧线归去……

  夜黑了，月光开辟了一条狭而长的明亮的路，闪闪地颤动着,像银蛇舞动一般,在墨水中舞动至天明。

美丽的它,睡了。只不过,银丝依然抖动着……

过了多久?

海的尽头,泛着白光……

雨

薛媛媛

一道闪电划破了天空的沉寂,一声惊雷搅醒了大地的生灵。雨,如根根银箭疾射而下,狂猛暴戾地射向每个角落。似乎要把上苍的怒意洗尽,要把人间的愤懑填平。秋雨带着凉风的欢声鼓掌,和着树叶的低吟歌唱,演绎着一曲生命的赞歌。

雨,是从早晨开始下的。清晨,7点40分左右,没有任何的前兆,雨,下了起来。地上刹那间布满了星星一般的雨点,所有人都知道下雨了。路上那些带伞的人们纷纷停下脚步,撑开他们的雨伞,对抗雨的威胁。一瞬间,大路、小路、街道或是马路,到处都是伞的海洋。一把把撑开的雨伞就像一朵朵绽放的鲜花,五彩缤纷。没有带伞的人加快脚步,想快点避开雨的挑衅,走出雨笼罩的这片领地。

雨渐渐地下大了,"哗哗"地下着。而我,站在屋檐下,饶有兴趣地看着发生的一切。天空看起来空洞而灰蒙蒙的,不像往常,总能看见一个火辣辣的太阳缀在蓝丝绒般晴朗的天空上,而今天,我却没有见到一丝阳光的影儿。很多人不喜欢雨,但我却喜欢,我觉得雨是很清爽的,会使人感到十分惬意。

突然,暴雷在窗外炸开。那声音,就像大地猛然间裂开了一般。渐渐地,雨小了,最后,只剩下滴滴答答的几滴雨了。风雨后的一切又变得那么的静谧、宁静……

秋 的 温 暖

陈楚玥

春是温柔的,夏是热烈的,冬是沉稳的,而秋是温暖的。秋,不像春、夏、冬那样讨人喜欢,却也是温暖而欢乐的。

一个秋日,我走在一条小路上。一片叶子飘到了我脚前。抬头一看,那棵落叶的树并非全黄,绿叶中缀着几片金叶,很显眼地露在了外面。我看着树,静静地凝视着它。也不知过了多久,一阵秋风吹来,带着淡淡的叶香,轻轻的,有些凉丝丝,但又带着点儿阳光的温暖。风吹醒了金叶,然后它们挣扎了几下,便依依不舍地落了下来。

我弯腰拿起,叶子并非全绿,金黄色慢慢地把绿吞噬掉了,叶子的尖是棕色的,只小小的一片,但已告诉了大树,秋深了,它的叶衣马上会脱落,要做好入冬的准备了。一片叶子缓缓落地,这次不是金黄的叶,而是红色的,红中带黄,侧面早已有了干枯的地方,好像轻轻一碰就会碎掉。

再次抬头看,金、绿相交的叶子并不多,零零散散。这颜色多么丰富,即使只是黄,也深深浅浅,各不相同。

低头看土,土上有一部分长了青苔,硬硬的,再来到花草旁,那里的土软软的,有些湿,富有泥土的本香和植物根茎的香。

一声突如其来的孩子的叫喊,打破了原有的宁静。惊飞了树上的鸟儿,只见它腿一蹬,树枝一晃一晃,金色的叶子,翩翩而下,瀑布一样飞快地冲了下来,卷进一阵阵清风中。风是暖的,带有秋天的温暖,还有一丝阳光的味道。

夕阳与月光

武鹤恬

　　放学后,我向家走去,时间正是傍晚时分。抬头看,天边正浮着一片云,夕阳的颜色映在云上,绘制出了一幅火烧图,太阳已经开始缓缓下落,不过一会儿,便差不多淹没在了群山后面,只留下一小半露在外面。

　　光影朦胧,为眼前铺上了一层金黄色的薄纱,光照到一朵绽放的花儿上,细长的花瓣闪着光,原本白色的花瓣便如同冰晶一样,更加精致。

　　夕阳的残光铺洒在地上,映出一个个人影。阳光透过一块对着一小半太阳的玻璃,映出七彩的光,仿佛可以看见另一个梦幻般的世界。

　　天空开始变暗,不一会儿太阳已经完全消失了,原本明亮的街道变得昏暗极了。渐渐地,月亮也升了上来,银色的光洒了下来,盖住了原本的金色,坐在窗前看着一轮月牙,微风从没关紧的窗口漏了进来,仿佛也把月光送了进来,装点了我的小书桌。

　　夕阳与月光都很美,每天都会接替着出现。在明天的夕阳与月光出现以后,记忆也许会被覆盖,我的记忆中只会留下最美的那一次。好似一张书签,回忆过去时,夹进了记忆里,翻开来就可以清晰地看见。记忆中总会有美好的东西,你不需要留恋过去,每天都会是新的开始。

我 喜 欢

高靖雅

我喜欢冬天的静雪,在无边的天际中飞舞。我喜欢那份安静温雅,我喜欢那份没有声音的光和凉。

我喜欢在春光中踏过无际的田园,我喜欢低头闻小花淡淡的清香味道,清香的味道里带着一种诱人的甜。

我喜欢夏日的清风,我喜欢在多风的早晨独站在高高的山峰,山谷里白花花的百合一片片地迎风舞动,甜美的花香弥漫在山谷里。慢慢地,绚丽的云霞被早风吹入了山谷,太阳又成了天空的霸主。

我喜欢秋风中飘飞的落叶。在草地上,在湖面上,漫山遍野,红得那么美。

我还喜欢鸟,不管是哪一种。我喜欢通体乌黑的八哥,高贵优雅的天鹅,七彩大嘴的巨嘴鸟,以及蓝色脖子的知更鸟。我也喜欢森林里不知名的小鸟,红色的,黄色的,紫色的,青色的,我认为它们同样美丽。

我还喜欢宝石,不管是哪一种。我喜欢碧绿的美玉,珍贵的钻石,以及美丽的玛瑙。我也喜欢地上那些不知名的小石头,红色的,白色的,黑色的,我认为它们一样美丽。

我喜欢生活,而且深深的喜欢能在我心中充满这么多喜欢!

清华园之春

吕济舟

春已悄然降临在清华园中。

早上,天灰蒙蒙的,四周很静很静,没有一点声音,仿佛一切都静止了一般。这时天空飘来了几根"白线",一滴,两滴……不一会儿,一切都在如烟如雾的雨幕中时隐时现。房屋上、树木上、小草上、花朵上挂满了一颗颗珍珠般的雨滴,万物都在雨幕中积攒着力气。雨停了,阳光穿透云层,顷刻间,万物都好像镶上了一层金边。平时灰头土脸的小草由灰变绿,花儿缓缓地张开了花苞,树木长出了嫩嫩的新芽……一切都在春雨中蓬勃生长。这春雨,是沉静的,是优雅的,更是滋润的。

在细细的春雨中,我信步走向荒岛。冰早已化了,湖水清澈见底,鱼儿在水草中自由穿梭,仿佛为春天的到来奔走相告。

但是最具特色的自然还是花儿。

春天的四月,荒岛北侧的牡丹园里已是一片花海,有红、有紫、有黄、有白;有像太阳的,有像烟花的,姹紫嫣红,争奇斗艳。每一朵花都努力绽放自己,让鲜艳的颜色映入每一个游人的眼中,让花香飘满花园的每个角落。若置身其中,就仿佛走进了一座华丽的宫殿,花在眼前层出不穷。站在一旁观花,整个园子又犹如一幅油画,色彩艳丽,优雅大气。每一片花瓣都好像大自然精心设计的一般,有的刚劲有力,有的又宛如潺潺流水。

"三春堪惜牡丹奇,半倚朱兰欲绽时。天下更无此花胜,人间偏得贵相宜。"硕大又色彩缤纷的牡丹,将春天留在了清华人的心里。

爱这清华园之春。

秋天的思念

薛媛媛

秋天的校园，相对于其他季节来说，我认为是最有意境美的一个季节。

今天，放学很早，我突发奇想，想在校园里散会儿步再回家。

我顺着修远楼的楼梯走下去，横穿小操场，又穿过走廊，来到丁香书苑。

一阵秋风吹过，树叶"哗啦啦"地响了起来，为静谧安宁的丁香书苑添了一串优美的音符。丁香书苑的秋是如此的静，如此的安宁。丁香书苑里的白蜡树高大得超过了周围楼房的高度。从下往上望去，白蜡树的树枝层层叠叠。树叶的色彩也是层层叠叠的，最下面的树叶是碧绿的，而中间一层树叶则是既有浅绿，也有黄绿和黄色的。整棵树的树叶色彩就像是一幅黄绿混合的水彩画。

走出了丁香书苑，走近博雅楼，白净的窗布满了爬山虎，给人一种严肃中装点着热情的感受。爬山虎为这座平时单调的博雅楼增添了斑驳的色彩。青绿的叶子、火红的叶子，层层叠叠地爬满了整座博雅楼。墙根的一条爬山虎却是我认为最美的，由浅浅淡淡的橙红，到浓郁火热的红，慢慢地渐变着。

这景色，既安静也不乏热情，还带有一丝淡淡的忧伤，勾起了我对童年往事的无限怀念……

家乡旧事

杨 硕

小时候,我和堂姐在乡下奶奶家住过一段时间,那里人烟稀少,山清水秀,倒是我俩撒欢打闹的乐园。夏天里,这个小村子美得一塌糊涂,一行行碧绿的大树,树下有嫩嫩柔柔的小草,无名的野花星星点点地洒在其中,美丽的蝴蝶飞来飞去,这简直就是一幅漂亮的画。树枝上喜鹊每天"叽叽喳喳"。逗得奶奶家的小猫在树下一待就是半天,悄悄地猫着身子,靠近树干,瞅中机会迅速出击。准备逮一只喜鹊下来美餐一顿。可喜鹊翅膀一展又飞到另一棵树上,几个回合下来,小猫垂头丧气地离去,偷偷在一旁观察的我和堂姐在地上笑得直打滚。

还有一次爷爷带我俩上山去玩,山上有一个石洞,我和堂姐好奇地想进去看看。爷爷说那是狐狸洞,里面又深又黑。不让我们进去,可我和堂姐更好奇了。每天偷偷去洞口一等老半天。看漂亮的狐狸妈妈是否从洞口出来,为小狐狸去买手套,但一直连半点影子也没等到。

后来我和堂姐去上学了,回到城里,我们山村的地下储藏着大量的优质煤。被人们开采利用了,小山村再也没有了以前的宁静,可童年的那份记忆和美好,深深地刻在我的脑海里。

最后的春雪

薛媛媛

中午,老师带我们出去玩雪,大雪纷纷扬扬地落下,那一片片雪花在空中舞动着,或飞翔,或盘旋,或直直地快速坠落,铺落在地上。

　　此时的天空仿佛天女散花，无穷无尽的雪花从天穹深处飘落，如同窈窕的仙女穿着白色的裙子，用优美的舞姿向所有的生物致敬，然后轻柔地覆盖在房顶上、草尖上、树叶上。瞬间，万物的本来面目被入冬以来最大的一场雪悄悄地掩盖住了，取而代之的是一层厚厚的"棉被"。仿佛一眨眼工夫，雪花用自然的力量点缀了万物，将一切变得神秘起来。

　　微风拂过，树上的雪便在寒风中轻盈地飘落下来，像雨丝般落下来，在天空中翩翩起舞。雪密密地飘着，像是织出了一张白网，整个校园笼罩在一片白色之中，若隐若现，好似雪雾仙境。

　　操场上一片白茫茫的，就像一片白色的田野。我们肆意地在操场上奔跑着、欢笑着，享受着大自然的赐予。操场成为了我们撒欢的天堂，霎时间整个操场充满了我们嬉戏欢乐的声音。操场上留下了一串串脚印，我们的笑声在操场上久久回荡着。

　　男生们喜欢打雪仗，他们叫喊着，喧闹着。有的从地上拾块雪，做个雪球，互相攻击；有的干脆直接扑在地上，给大地一个亲密的拥抱；再或是几个人追跑着。我们女生和男生却大不同了，我们更喜欢安静一点的方式，而不是追跑打闹。我们享受着雪的滋润，我仰起头，闭上眼睛，感受雪花轻轻落在我脸上的那一瞬间，化为晶莹的水珠。这雪，在我们眼里，是梦幻而美妙的。在这个冰天雪地的世界里，我们都变成了冰雪女王，跺一下脚，大地就能结冰，挥一挥手，天空就能下雪，我们沉浸在这不尽的想象里。

　　这或许是我们小学阶段最后的一场雪了，我们很快就要分别了，但是正如雪融化后春天也即将到来那样，人生是一个圆，分别也是下一个重聚的开始。

无锡之旅

王欣怡

回忆清明假期,最让人难忘的就是那"衣潮裤湿鞋进水"的无锡之旅。

第一天,我和我的朋友来到了太湖鼋头渚。沿着蜿蜒曲折的小路向前走,道旁繁花似锦,绿草连绵,加上细细的小雨,别有一番诗意。再看路旁的太湖,碧波荡漾。湖面上的大船来来往往,海鸥在天空中欢快地跳着舞,引得游客一片赞叹。于是,我和朋友同作一首诗:

　　草意葱茏鼋头渚,
　　烟雨朦胧游太湖。
　　碧波起伏船影淡,
　　谁知湖畔群鸥无?

虽然我们衣服、鞋子、裤子全都进了水,但我们还是很高兴。

第二天,我们去了三国城。一进城,就看见一大群人围在一个大水池边。我们也进去探了个究竟,原来是有火烧赤壁的演出。我们也随着人群站在那儿等待着。演出开始了,东吴黄盖的战船向曹操的水营驶来,曹操水营的门开了,黄盖的战船缓缓驶来。忽然,"嗖"一声,黄盖船上喷出一支火花,直扑曹操大营。顿时,战船都着了,水雷一个个炸响,好一幅火光冲天的景象啊!让人情不自禁地回想多少年前的那次大战——孙权和刘备的大捷,周瑜和诸葛亮的精心谋划。这一切是多么令人惊心动魄啊!想着,都忘了天上的雨,半天才缓过神,然而表演早就结束了。

我们又参观了张飞的桃园——三兄弟结义处。在那里,有刘备、关羽、张飞三人的塑像。下面有一张桌子,上面有一个马头和牛头。我和好朋友也在那里义结金兰。我又作诗一首:

> 三国城中英雄起，
> 赤壁大战动人心。
> 桃园结义三人好，
> 勇战吕布谁参敌！

　　无锡之景如画一般既清秀又厚重，展开"她"那绚丽多姿的画卷，呈现出来的是一个个精彩夺目的历史故事。在故事中，我既收获了谋略，也可以在这幅精彩无比的画卷中，细细品味其中的韵味！

第五章　状物篇

　　写作从来是一件以手写心的事情,如果你们把曾经写过的作品积攒起来,会发现自己心智成长的轨迹。这种成长,不仅源于你们生活经历的日渐丰富,也源于你们对于生活的体认日渐理性。而这种体认不仅限于对人、对事,即使是物,它也会掺杂进你们日渐丰富的情感、日渐理性的思考中。所以,状物初为观物,终为观己。

评改要点

(1) 细致观察,抓住特征

从大小、形状、颜色、质地等方面,对所写的物进行仔细观察。因为不同的物有不同的特点,即使是同一种物品,也会有某些细微的区别,也有它自己的独特之处。抓住物品的特点写,就是抓住了这一物品区别于另一物品的独特性。找出物的独一性。有时候,这独一性也是其独特的韵味,或独特的风格。

(2) 特点与意义对应

世间万物皆有"灵性",静默不语的物也像人类一样具有各自独特的品格。当你带着感情去看待万物时,你会发现一花一草、一枝一叶都在展示自己与众不同的风骨。以植物为例,植物的生长形态、植物的生长时节、植物的生长环境,这些因素都能表现出景物的灵性。例如,梅花颜色雪白,似雪如霜,在冬天开放,不畏严寒,这种特点就与写作的意义相对应。

(3) 睹物思人,揭示象征意义

写状物作文,要"睹物思人"。我们运用联想与想象,挖掘物的背后,对已有的生活有指导及象征意义。比如,我们可以运用诗词歌赋点明植物的象征意义,使文章更寓意深长。如,宋朝周敦颐在《爱莲说》中称赞荷花"出淤泥而不染,濯清涟而不妖"。如果描写荷花时能够引用这一名句,文章会更有诗意和深度。如果我们能够全面了解各种植物、动物、景物等在文学史上的象征意义,我们的眼界将会更开阔。

评改实例

草稿篇1

门前的树

孟庆涵

在我还住西北小区时,单元楼前有一棵粗壮的桃树。小时候那便是我玩耍的地方。

自从离开了西北小区,我就再也没有回到过那里,然而,那棵桃树却留在了我的记忆里,始终不能消失……①

后来,我发现爸爸工作室前有一棵枝干很低②的树,这棵树的下面又成为我每天放学都要去玩耍的地方。

门前这棵树的形状变了,但是,在我心中的那棵树却永远没有变。

春天,我荡在这棵树的枝干上,望着刚要发芽的嫩枝,想到了西北小区的那棵桃树,刚长出嫩叶时的样子了。③

夏天,细雨连绵,透过窗户,我看到这棵树的叶片上滴满了亮晶晶的雨水,风一吹,雨水便洒在了湿漉漉的草地上。我又仿佛在蒙蒙细雨中看到了那棵桃树在风里用厚大的叶子托着滴滴雨水轻轻地摇曳。

秋天,站在大树下,看到喜鹊已经开始筑巢了,便回忆起那棵桃树的果子已经成熟时的样子,红黄色的果实,在微风的吹动下给人们带来了芳香扑鼻的气息,让人驻足。

正是这两棵树,它给我带来了无限遐想和美好的童年生活。④

总评: 这篇文章写得清淡,但不失温暖。一个由两棵树陪伴童年的女孩儿,多么幸福。这篇文章写法很独特,有一棵树一直没有真正出现过,但它的影子一直在文字里出现,甚至仿佛成

---

① 在你的印象中,那棵桃树是什么样子的呢?你喜欢画国画,那就像画画一样将它描绘下来吧!

② 此处也希望你除了"枝干很低"这样的描述,再写写其他。我的心中还没有这棵树的样子。

③ 同上,将样子好好绘画。我想你真正思念的仍是那棵桃树吧!

④ 读到这儿,我才明白这两棵树都很重要。前文过于强调小时候的桃树了。建议加重对另一棵的描绘。

为整篇文字的主角。也许你可以去读读达夫妮·杜穆里埃的小说《蝴蝶梦》一书。你就会发现,有一个大作家也采用了如你一样的叙事视角。说到对文章的建议,首先,状物重在描摹,而本文写得过于清淡,有几处完全还可以再展开,否则读来感受不深。其次,两棵树之于童年的意义,在结尾处应深入写,将想要表达的情感和思想立住。

修改篇1

门 前 的 树

孟庆涵

我还住西北小区时,单元楼前有一棵粗壮的桃树。小时候那便是我玩耍的地方。自从离开了西北小区,我就再也没有回到过那里,然而,那棵桃树却留在了我的记忆里,始终不能消失。它一树深深浅浅的绿,还有一点点泌出的晶莹的桃胶,仿佛一粒粒眼泪,仍站在那里等待着我回去……

后来,我发现爸爸工作室前有一棵枝干很低的树,它长得敦实、可爱,绿色的叶子像夏日的蒲扇,在风中慈祥地抖动。树干浑圆、粗糙,伸出双手想抱住它,总还差一点儿。这棵树的下面又成为我每天放学都要去玩耍的地方。

门前这棵树的形状变了,但是,在我心中的那棵树却永远没有变。

春天,我荡在这棵树的枝干上,像一只小猴子和树长在了一起,它光秃秃的树杈上一点点返青,望着刚要发芽的嫩枝,想到了西北小区的那棵桃树,刚长出嫩叶时的样子了。它是否也像这棵树一样,星星点点的绿了?

夏天,细雨连绵,透过窗户,我看到这棵树的叶片上滴满了亮晶晶的雨水，风一吹，雨水便洒在了湿漉漉的草地上。我又仿佛在蒙蒙细雨中看到了那棵桃树在风里用厚大的叶子托着滴滴雨水轻轻地摇曳。

秋天，站在大树下，看到喜鹊已经开始筑巢了，便回忆起那棵桃树的果子已经成熟时的样子，红黄色的果实，在微风的吹动下给人们带来了芳香扑鼻的气息，让人驻足。

正是这两棵树，它们一个站在西北小区，一个站在爸爸的工作室前，也许别人并不曾留意，它们只是两棵普普通通的行道树，而对于我，它们则是一个小女孩童年的无限遐想，甚至整个童年。

草稿篇 2

那条火车道

哈斯尔

2016 年 10 月 31 日百年历史的清华园火车站停运了。这条火车道是由北京北站出发的京包铁路的第五个道口，于我而言，它是特别的。

记得上小学一年级的时候，这条铁路是我每天的必经之路。它地处繁华的五道口，周边还有许多国内知名院校，<u>汇聚着来自全国各地的优秀大学生</u>，如中国农业大学、北京大学、清华大学、<u>北京林业大学</u>，等等。① 此外，这条铁路周围还环绕着商场、超市、居民区，好不热闹。但也正因为② 此，这条铁路给大家出行带来了诸多不便，因为每当火车通过时，这里便会堵车。为此，我每天早上必须 6 点起床洗漱准备前往校园，争取在 7 点之前通过铁路，因为每天 7 点零几分就有一班火车通过，而往往因为这班火车我需要等待很长的一段时间。

① 与行文无关，建议删掉。
② 删掉

还记得那年 6 岁,恰逢一趟火车路过,我又一次被堵在了这条道上。这是一个夏日的清晨,比我想象得凉爽,我坐在车里探着头向外张望,许多赶早上班的白领们都从我们车边匆匆走过,她们在火车道边上的小店里买了早点就离开了。还有一些年纪稍长的老人,他们大多坐在小店里,慢悠悠地吃着一顿还算丰盛的早餐。短短几分钟,一波又一波的人群从我们身边经过,好似一部部快进的电影。在晚上回来的路上,火车道旁往往有许多卖水果的商贩,他们推着三轮车,在三轮车后面放上许多新鲜的水果供过往的人们挑选,吆喝声、还价声不绝于耳,当真是热闹非凡。而冬天的早上,寒冷的北风总是将人们吹得不愿露出哪怕一丝③的脸颊,他们大多裹着长长的大衣,行色匆匆;而夜晚更是如此。冬天的铁道旁,没有夏日的热闹,有的只是希望早点归家的人们。

③ 丝毫

如今这条铁路停运了,虽然它不会再因火车而造成拥堵了,而我也不会再为此而恼怒,又或是担心迟到,但它在我记忆里却早已不可磨灭。这是伴随了我整整 3 年的一条铁路,这是一条拥有百年历史的铁路,它早已定格成我记忆中的一道风景!<u>我怀念它,不是它的拥堵,而是它陪伴我读书的这些年月!</u>④

④ 文章主旨句,但是铁路如何陪伴你的那些年月,在前文的表述并不充分,所以结尾稍显生硬。

总评:不难想象,哈斯尔,你对这条每日上学必经的火车道有着一定的感情。你的文章结构非常清晰,整体上选取了两件事情来写你和火车道的点滴:一件是火车经过时造成的拥堵导致你上学可能迟到,一件是你在火车道边看到的五道口众生相,而正是这些原本陌生而日渐熟悉却从来不知姓名的脸,陪伴了你读书的日子里书本之外的年月。

修改篇 2

那条火车道

哈斯尔

2016年10月31日,拥有百年历史的清华园火车站停运了。这条火车道是由北京北站出发的京包铁路的第五个道口,于我而言,它是特别的。

记得上小学一年级的时候,这条铁路是我每天的必经之路。它地处繁华的五道口,周边有许多国内知名院校,此外,这条铁路周围还环绕着商场、超市、居民区,好不热闹。但也正因此,这条铁路给大家出行带来了诸多不便,因为每当遇见火车通过时,这里便会堵车。为此,我每天早上必须6点起床洗漱准备前往校园,争取在7点之前通过铁路,因为每天7点零几分就有一班火车通过,而往往因为这班火车我需要等待很长的一段时间。

还记得那年6岁,恰逢一趟火车路过,我又一次被堵在了这条道上。这是一个夏日的清晨,比我想象得凉爽,我坐在车里探着头向外张望,许多赶早上班的白领们都从我们车边匆匆路过,她们在火车道边上的小店里买了早点,快速地咀嚼后就离开了。还有一些年纪稍长的老人,他们大多坐在小店里,慢悠悠地吃着一顿还算丰盛的早餐。短短几分钟,一波又一波的人群从我们身边经过,好似一部部快进的电影。在晚上回来的路上,火车道旁往往有许多卖水果的商贩,他们推着三轮车,在三轮车后面放上许多新鲜的水果供过往的人们挑选,吆喝声、还价声不绝于耳,当真是热闹非凡。而冬天的早上,寒冷的北风总是将人们吹得不愿露出丝毫的脸颊,他们大多裹着长长的大衣,行色匆匆;而到了夜晚更是如此。冬天的铁道旁,没有夏日的热闹,有的只是希望早点归家的人们。

如今这条铁路停运了,虽然它不会再因火车而造成拥堵了,而我也不会再为此而恼怒，又或是担心迟到，火车那轰隆隆呼啸而过的声音也不会再刺痛我的耳膜。可是，当早上慢悠悠地经过废弃的火车道旁时，总觉得少了些什么。这条伴随了我整整三年的铁路，这条百岁的铁路，它早已定格成为我记忆里的一道风景。我怀念它，不是它的拥堵，而是它陪伴我童年的那些年月。

草稿篇 3

黑 鸽 王

程 一

<u>坠落，夕阳西下。</u>① 这是一个下午，太阳慢慢地落下了，② 夕阳洒满了整个阳台，好像为阳台铺上了一层红色的地毯。

"黑鸽王"带领着鸽群缓缓归来，黑鸽王站在板子上，夕阳的红光落在了它身上，它抖了抖翅膀，有几分王者的风采，可不料下面的"点子"还虎视眈眈地偷窥着王位。"点子"是群鸽的二把手，它的体型比黑鸽王大一圈，年纪也轻一些，按理说它更适合当鸽王，可黑鸽王已身经百战，早有大将之风采，在鸽群里的威信很高，所以一直是它统领鸽群。那天鸽子们争抢食物时"点子"不分青红皂白地冲撞了黑鸽王，黑鸽王一怒之下拍打着翅膀呼啸而来，一声怒吼，吓得附近的鸟雀东逃西散，这正是"点子"意料之中的，一场王位争夺战拉开了序幕。

<u>夕阳把两只鸽子身上照得红彤彤的，只见黑鸽王先猛扑过去，两只眼里充满了血丝，翅膀不断地扇动，黑鸽王想虚张声势让点子知难而退。可点子不吃这一套，从喉咙中发出一阵阵低沉的叫声，点子灵巧地一躲闪过了攻击，转身拿坚硬的喙往黑鸽王身上啄了一口，黑鸽王来不及闪躲，从肩上落下了一串血粒。</u>③

① 用环境的变化（夕阳的堕落）来暗示黑鸽王命运的处境，想法很好！只是"坠落"一词稍显突兀，要么将坠落后面画上句号，要么用一句话来代替这个词，或者直接划掉，都可以。
② 与第一段语义重复。

③ 画面感极强，动作连贯，思维纯净，语言洗练。好！

第五章 状物篇

④ 句子有点长，加标点

可黑鸽王不会轻易放弃自己的王位，朝点子猛扑过去，用翅膀往它的颈部奋力打去。④点子想故技重施，可已经来不及了，只见点子在阳台上打转，黑鸽王把握机会奋力再打，打到了点子身上，可点子丝毫不动，黑鸽王这时才感到右翅疲惫不堪，连收起都很困难。看来是刚刚点子的一口把黑鸽王的翅膀伤着了，可能骨头有点问题，就在这时黑鸽王如梦初醒，想逃？已来不及了，点子给黑鸽王致命一击，黑鸽王掉了下去……

⑤ 结尾还可如开头般渲染

这时夕阳正好完全消失得无影无踪。⑤

总评：孩子，你的文章让老师惊艳。动作描写简洁干脆、画面感极强，且几无冗余言语，语言成熟度极高，叙事功底极强，且懂得用环境变化来暗示烘托黑鸽王命运的处境。很难想象这样的文笔竟是出自一个孩子之手，假以时日，必成大器！

修改篇 3

黑 鸽 王

程 一

夕阳西下，将黄昏的喧嚣熬成了一锅黏稠的粥，四处躁动而朦胧。它红润的汤汁洒满了整个阳台，为那冰冷平滑的混凝土铺上了一层暖洋洋的地毯。

"黑鸽王"带领着鸽群缓缓归来，黑鸽王站在板子上，夕阳的红光落在了它身上，它抖了抖翅膀，有几分王者的风采，可不料下面的点子还虎视眈眈地偷窥着王位。"点子"是群鸽的二把手，它的体型比黑鸽王大一圈，年纪也轻一些，按理说它更适合当鸽王，可黑鸽王已身经百战，早有大将之风采，在鸽群里的威信很高，所以一直是它统领鸽群。那天鸽子们争抢食物时点子不分青红皂白地冲撞了黑鸽王，黑鸽王一怒之下拍打着翅膀呼啸而来，一声怒吼，吓得附近的鸟雀东逃西散，这正是点子意料之中的，一场王位争夺战拉开了序幕。

夕阳把两只鸽子身上照得红彤彤的，只见黑鸽王先猛扑过去，两只眼里充满了血丝，翅膀不断地煽动，黑鸽王想虚张声势让点子知难而退。可点子不吃这一套，从喉咙中发出一阵阵低沉的叫声，点子灵巧地一躲闪过了攻击，转身拿坚硬的喙往黑鸽王身上啄了一口，黑鸽王来不及闪躲，从肩上落下了一串血粒。可黑鸽王不会轻易放弃自己的王位，它朝点子猛扑过去，用翅膀往点子的颈部奋力打去，点子想故技重施，可已经来不及了，只见点子在阳台上打转，黑鸽王把握机会奋力再打，打到了点子身上，可点子丝毫不动，黑鸽王这时才感到右翅疲惫不堪，连收起都很困难。看来是刚刚点子的一口把黑鸽王的翅膀伤着了，可能骨头有点问题，就在这时黑鸽王梦如初醒，想逃？已来不及了，点子给黑鸽王致命一击，黑鸽王掉了下去……

此时，夕阳在地平线上收敛了它最后一抹余晖，坠入了无尽的深渊。天黑了。

草稿篇4

猫

庄奕楠

说句实话，我是一个爱猫的人，但是时常又恨猫，所以我一直爱猫爱得既爱又恨。

我并不是爱所有的猫，我认为有的猫高冷又傲气，但有一部分猫既可爱又黏人，我确实是爱那黏人的猫。①

在一个清爽怡人的夏夜，我和家人一起在楼下散步，在拐角处见到一只看似刚出生不到几天的小白猫，我一眼瞧见了它。

① 第一二段有点"车轱辘话"来回说，建议适当删减，合成一段。

第五章 状物篇

它非常清瘦,瘦得连肩胛骨都依稀可见,胡须在霜白的月光下颤着银白色的光,一双黯淡无光的眼睛因其天性而警惕地遥望四周。②那条细小的猫尾乏力地拖着。③但是,在我凝视它的这段时间里,它却并没有小声或大声地呼唤一声,这点使我疑惑不解。便尝试性地操起猫腔猫调,友善地叫了它一声,它如梦初醒般的小心翼翼地"喵——"了一声,这让我兴奋不已,而后最终落下一个"后遗症"——一见到猫便满心怜悯地要养猫。④

另一件事是发生在放学回家的路上。那天,天空打早晨起便灰扑扑的,我变⑤暗自庆幸:还好我今早上学带了伞!⑥到放学,这雨仿佛天河发洪水了一般!连门口铺的防滑垫都冲没了!我打着伞,蹚过一条条"小河"顺流⑦到家。在临近小区的铁门枣树边,有一只暴跳如雷的虎皮野猫,它弓着身子,探着头,长长的毛垂在雨帘中,我简直有些分不清它是猫是兽。然而我只是眯眼瞧了它一眼,它便像一支离弦的箭一般冲我奔来!我下意识地以最快的速度冲过了铁栅栏,那猫险些抓到我了!我惊魂未定地跑回了家。

哎!猫类,你们到底是让我爱猫还是让我恨猫?⑧

总评:文章围绕对猫的爱恨纠葛写了两件事情,思路清晰。对初生小白猫的描写比较到位,奕楠逗小白猫的样态也充满了童真的乐趣。有时要注意文章的核心是什么,裁掉一些无关的话语,使文章更加紧凑一些。

② 描写得很到位!
③ 放在此处稍显赘余,建议调换顺序或删去。

④ 与开头说的只爱一部分猫,矛盾。

⑤ 便
⑥ 与写猫无关,建议删去。

⑦ 这个词用得好!

⑧ 与其留个问题,不如自己试着回答一下?

修改篇 4

猫

庄奕楠

总体上,我是一个爱猫的人。但并不是所有的猫都能惹我喜欢,我喜欢软绵绵、可爱又黏人的猫,讨厌高冷又傲气的猫。

在一个清爽怡人的夏夜,我和家人一起在楼下散步,在拐角处见到一只看似刚出生不到几天的小白猫,我一眼瞧见了它。它非常清瘦,瘦得连肩胛骨都依稀可见,细小的猫尾乏力地拖着。胡须在霜白的月光下颤着银白色的光,一双黯淡无光的眼睛因其天性而警惕地遥望四周。但是,在我凝视它的这段时间里,它却并没有小声或大声地呼唤一声,这点使我疑惑不解。便尝试性地操起猫腔猫调,友善地叫了它一声,它如梦初醒般的小心翼翼地"喵——"了一声,这让我兴奋不已,而后最终落下一个"后遗症"——一见到软绵绵的小猫便满心怜悯要收养。

另一件事是发生在放学回家的路上。那天,天空打早晨起便灰扑扑的,到了放学,雨势已经很大了,连门口铺的防滑垫都冲没了。我打着伞,蹚过一条条"小河"顺流到家。在临近小区的铁门枣树边时,有一只暴跳如雷的虎皮野猫,它弓着身子,探着头,长长的毛垂在雨帘中,狼狈不堪却又一副倨傲的姿态,我简直有些分不清它是猫是兽。然而我只是眯眼瞧了它一下,它便像一支离弦的箭一般冲我奔来!我下意识地以最快的速度冲过了铁栅栏——那猫险些抓到我了!我惊魂未定地跑回了家。

龙生九子各有不同,猫有百种,其态各异,我爱猫,可是并不爱所有的猫,我只爱值得爱的。

草稿篇5

令我难忘的好朋友——多多

肖云祺

世上万物,都能成为我的好朋友,植物、山水、动物……<u>我的"好朋友"是狗,</u>①所有狗,可是,我最喜欢的好朋友是多多,它是我家的狗。

① 前面说世间万物都能成为我的好朋友,接下来直接说我的好朋友是狗,失去了中间抉择的过程,稍显突兀。

第五章 状物篇

②它

③你对多多感情那么深,看到它可能被卡死,你的反应除了害怕,还做了什么?

④"由于……所以……"句式杂糅。

⑤你的父母真的也哭了吗?父母哭泣的情态是怎样的?写作要真实,而细节往往能体现真实。

　　我还记得刚开始买它的时候,它还是那么一点儿大,圆圆的大眼睛,萌萌地看着我,好似想让我对<u>他</u>②有一些怜悯。湿漉漉的小鼻子一动一动的,尾巴一翘一翘,好像想要吃的一样,于是我就给了它一根骨头,谁知,多多把骨头给卡在喉咙里了,难受地跳了起来,东撞西撞的。<u>我很害怕,心想:我心爱的多多会不会被卡死!</u>③但是最后,骨头从多多的嘴里奇迹般地出来了。

　　有一次,早上起来,多多好像是喝了兴奋剂一样横冲直撞,我几乎可以在所有地方看见多多的存在。

　　……

　　我和多多之间发生过许多事,可最令我难忘的是我们离别的那一天。

　　<u>由于我们要搬家了,所以多多要被送走了,</u>④我也是迫不得已。那天,妈妈突然说要把多多送走了,但我知道其实他们也是很舍不得多多的。终于,离别的时刻到了,我就要和多多永远地说再见了,但是我很舍不得,于是大哭了起来。这时,我看见了<u>我的父母也在哭,</u>⑤因为他们也舍不得。可是人的一生总会失去很多,可以有舍也有得,虽然我现在已经不再养狗了,可是现在我有了一个妹妹,一个可以和我一起长大的妹妹。

　　多多,你永远是令我难忘的"好朋友",我会永远记住你!

　　总评:这篇文章写与爱狗的生活、对爱狗的宠溺以及与爱狗的分离。完整地经历了养育动物的全部过程,你对多多的感情一定很深,从你对多多"那么一点儿大"时的外貌描写可窥见一斑。然而在表达感情的时候,不是说"我爱"就能传递出"爱",更多的要通过行为与细节来体现、传递"爱"。

修改篇 5

令我难忘的好朋友——多多

肖云琪

世上万物,都能成为我的好朋友,植物、山水、动物……而最令我难忘的"好朋友"是多多——它是我家的狗。

我还记得刚开始买它的时候,它还是那么一点儿大,圆圆的大眼睛萌萌地看着我,好似想让我对它有一些怜悯。湿漉漉的小鼻子一动一动的,尾巴一翘一翘,好像想要吃的一样,于是我就给了它一根骨头,谁知,多多把骨头给卡在喉咙里了,难受地跳了起来,东撞西撞的。我很害怕,心想:我心爱的多多会不会被卡死!于是慌张地抠它的嘴,拍它的背,一如我吃鱼刺卡住父母对我所做的那样,幸好最后骨头从多多的嘴里奇迹般地反呛出来了。

有一次,早上起来,多多好像是喝了兴奋剂一样,横冲直撞速度飞快,我几乎可以同时在所有地方看见多多的存在。

…………

我和多多之间发生过许多事,可最令我难忘的是我们离别的那一天。

那天,妈妈突然说要把多多送走,因为我们要搬家了,没有办法把多多一起带过去。我不想依从,却不得不依从。终于,离别的时刻到了,我就要和多多永远地说再见了,但是我很舍不得,于是大哭了起来。这时,我看见了我的父母眼里也有着隐隐的不忍之情,母亲的眼睛都湿润了。可是人的一生总会失去很多,但也可以有舍也有得,虽然我已经不再养狗了,可是现在我有了一个妹妹,一个可以和我一起长大的妹妹。

多多,你永远是令我难忘的"好朋友",我会永远记住你!

佳作欣赏

我佩服蜘蛛

张竞博

这周日,我正坐在我的书桌前写作业,突然发现有一张破破的蜘蛛网挂在我的窗前。换在平时,我连理都不想理,可今天不知怎么,我多看了一眼这张破网,发现有一只蜘蛛正在这里织网。

于是,我放下手中的事,来认真观察这只蜘蛛。我边看边想,这么小的蜘蛛,要织这么大一张网,得花多长时间啊?没过多一会儿,这只蜘蛛就把那网织得差不多了,可正当蜘蛛要大功告成之时,突然来了一阵风,把蜘蛛快要织完的网吹出了一个大洞。

我心里一惊:这风来的真不是时候,要不然蜘蛛就真把网织好了!不过没多久,当我再次去看那张网时却发现原本很大的洞,现在已变得微乎其微了。正当蜘蛛要再一次成功时,突然又刮来一阵风,把我家窗户外的野草吹得使劲儿向旁边歪了一下,正好撞在蜘蛛网上,把蜘蛛网又撞出一个大洞,蜘蛛也被撞出好远。我心想,这次它总该放弃了吧,可没想到它又爬了回来……没过多久,网又织好了。

我心里暗暗佩服蜘蛛,它虽没有像人一样庞大的躯体,可也能通过不懈的努力,干出一番事业。他那种不放弃的精神,值得我们每个人学习。

佛 光 寺

吕济舟

在山西文化深度游的最后一天,我们去参观中国最早的木结构古建筑之——佛光寺。

它是一座唐代的古寺,依山而建,坐东朝西。走入寂静的寺院,便听见一阵阵鸟鸣,令人顿觉置身世外,心旷神怡。虽然寺中的普贤殿在古代早已坍塌,但东大殿几经波折却仍然屹立不倒。东大殿坐落在一个山坡上,四棵茂密的油松将它遮得严严实实。爬上一段陡峭的石阶,宏伟的东大殿才豁然映入眼帘,显露出它神秘的姿容。建于唐代的东大殿,斗拱非常大,房檐向外延伸很远。它那宽大的墙体和硕大的屋檐给人一种无形的压迫感。正如梁思成先生在80年前发现佛光寺时的感受:如同一片乌云压在我的头上,让我无法呼吸。

踏入东大殿,迎面正中央供奉着金光灿烂的释迦牟尼佛,左侧供奉的是阿弥陀佛,右侧供奉的是弥勒佛,再往两边去,分别是骑狮的普贤菩萨和骑象的文殊菩萨。佛像身上以金色为主,虽然落满了灰尘,但仍然不失当日的风采。佛的面部表情庄严,却又不失慈祥,让人不由自主地生出一种敬畏感。

半环绕着五尊神像,立着五百罗汉的彩塑,声势浩大。这五百罗汉的神情各不相同,有的面目狰狞,有的神态安详,有的彼此交换眼神,惟妙惟肖,栩栩如生。不禁让人想知道他们在想什么,说些什么。其表情的精妙与《最后的晚餐》中的十二门徒相比毫不逊色。

回想之前看到的云冈石窟、华严寺、悬空寺、应县木塔等古代建筑,我深深体会到中华文化的伟大,它造就了如此之多的奇迹。这些古建筑见证了中国的历史,但我希望它们不仅可以见证过去,还可以见证现在以及未来,永久地长存下去。

釉里红龙纹油锤瓶

王欣怡

那是一个不凡的油锤瓶,那上面独特的花纹显示了它的高贵。

那天,学校组织我们到清华艺术博物馆参观。博物馆有四层,一层为达·芬奇的作品展与国际艺术及科学作品展;二层为清华名师名家留下的手札展;三层为清华大学美术学院的作品展;四层为清华营建学科专题站、简文献展、藏珍织绣、书画、家具、青铜、瓷器展。看着地图上琳琅满目的展览,我不知选择看哪一个,看着看着,眼睛瞄到了清华藏珍瓷器展,我想:瓷器应该挺有意思的,要不去看看吧!

我一路奔向四楼,跑向13号展厅。走到门口,放眼望去,大大小小的瓷器、瓷碗、瓷制品放在展柜中,柔和的灯光照射着一样样展品,为整个展厅平添了一分宁静。一转头,望见了一个瓶子,这个瓶子细长颈、圆腹、圈足。走近一看,此瓶名为"釉里红龙纹油锤瓶",它是雍正年间景德镇御窑烧制的。

瓶子的表面不是白瓷的,而是饰了一层淡淡的青釉,温和而秀润。上面还用釉里红绘出了一条四爪红龙。龙盘在瓶子的圆腹上,蜿蜿蜒蜒。龙的周围是一团团火焰和云雾,充满动感,仿佛火焰正在燃烧,云正被它拨开,然后轻飘飘地消失不见。龙绘得很细致,鳞片一枚一枚地闪着光,胡须一根一根地飘着。龙头,仿佛一摇便能活过来,一蹿蹿入九霄中,不见了踪影。但最终它还是会回来,因为画龙点睛,就差最后两只眼睛。黑色的眼睛在白与红的衬托下分外醒目,虽然,只是平面上的两个点,但从它的眼睛里,描绘出它的野性、忧伤、快乐、愤怒……

看着看着,这龙仿佛活了,扭动着它火焰般的身体,化解了青釉对它的禁锢,它盘旋而上,为它重获自由而快乐,它飞呀、飞呀,终于,消失在远方。远方的天边,仿佛又浮现出画面。一个工匠正描绘纹饰,他紧张地描绘着,每一丝火焰、每一枚鳞片都要细致,他的手微微地抖着,图案慢慢完整起来。终于,绘制完毕,他放下工具,长吁了一口气,眼中满是欣喜与欢乐,才歇了一会儿,又赶去烤制了。画面消失了。近处,仿佛有一个皇帝的影像在浮动,他手拿那个瓷瓶,啧啧地称赞着,渐渐地画面也消失了。

我不禁感叹:皇帝的生活真是奢侈,釉里红很难制作,但这些工艺品真的令人惊叹。它闪耀着非凡的智慧,展现着卓越的技艺,它那细致的工艺显示出中国古老技艺的古雅、庄穆。它是世界艺术史上的一颗明星,它闪烁着中国古老的光芒。

"北漂"的喜鹊

薛媛媛

早上起来,拉开浅粉色的窗帘,突然看见一只喜鹊在树上忙上忙下,不知道在干什么。我被它吸引住了,开始猜测它在干什么。突然我眼前一亮,在树的高处,有一个已经成形但还未完工的鸟窝,原来它在搭建自己的新窝呢!我继续看着,我想看看它是如何搭窝的。

这只喜鹊从头至尾都是黑色的,但肚皮却是纯白色的。它的尾羽很长,与它的身子差不多长。它的羽毛很干净,黑的纯黑,白的纯白。它飞起来,张开了它漂亮的羽毛,它背上的羽毛在阳光下闪烁着紫蓝色的光芒。

它飞到低一点的一个树杈上,用嘴尽力地咬断一个树枝。可树枝貌似并不那么容易被咬断,依旧顽固地斜着。终于,在数次的努力下,树枝被它咬断了,它用嘴衔着飞上窝固定好。然后,它在窝边的一个树杈上休息,看来搭窝也是很不容易的一件事。

这时,"扑腾"一下又飞来一只喜鹊,看来今天情人节喜鹊这小两口也要好好庆祝一下,过个节。后来的这只喜鹊在一旁待着,而先前的那只继续搭窝。看来,这对喜鹊是两个"北漂",发现北京房价太贵,尤其是在五道口这个号称"宇宙中心"的地方,更是天价,所以只好"自己动手,丰衣足食"啦!

突然,它们一齐飞走了。爸爸说一定是在不远处有个喜鹊商店,它们买材料去啦,自己弄太费劲;弟弟则说,它们是去找中介了,在"宇宙中心"把这个小窝租出去,可以租很贵,它们一定觉得租出去更划算。可租出去了,自己住哪儿?

这就是一对"北漂"的喜鹊。

《昆虫记》(节选)

李嘉华

我的路

我的路不在人行道上,

我的路不在田野里。

我的路在深草中,

我的路在树皮堆中。

我在路上捉蝈蝈,

我在路上找锹甲。

(一)蝉

每年夏天,最热的那几天夜晚 8 点多,我戴着头灯、拿着小铲,来到奥林匹克森林公园,夜幕降临,四周已经非常安静了,而这里却非常"热闹"——时常会有幼蝉纷纷从地下钻出地面,沿着树干往上爬、准备羽化。幼蝉居然可以在地下生活 3~17 年,真是生命的奇迹呀！我用小铲在地面轻轻挖了几下，随后就发现即将钻出地面的幼蝉。我很好奇，蝉究竟如何羽化呢？于是我带着好奇心将幼蝉带回了家进行观察。

夜里11点多，幼蝉开始褪壳，只见它头部向外凸起，用力向外挣脱，就像在做引体向上，真是非常费力气，感觉它使尽了全身所有的力气！有些幼蝉在褪壳的过程中"英勇牺牲"了……成功褪完壳的蝉，身体是翠绿色的，翅膀是透明的，非常薄，真应了那句成语——"薄如蝉翼"。蝉蜕下来的壳就像盔甲一般硬，蝉蜕可是一种很好的中药材。到了第二天早晨，蝉的身体变黑，翅膀变硬，很快就飞起来去迎接新的生活了！它们飞上树梢，发出"知了、知了"的叫声，这叫声并非是口器发出的，而是它腹部的发音膜振动而发出的声音。

蝉在地下的生命很长，但是羽化后它只能活一个秋季，它用漫长的地下等待迎来了一季的生命，我又一次为自然界生命的可贵感到震撼！

（二）柑橘凤蝶

喂养柑橘凤蝶让我惊叹于完全变态型昆虫的神奇。

我从楼下的花椒树上发现了很多漂亮的毛毛虫，绿色的身躯隐藏在树叶中，大大的假眼用来吓唬敌人。柑橘凤蝶的幼虫最小的时候其颜色和形状就像一粒粒鸟粪一样，这正好让其他鸟儿对它们没什么胃口，因而存活下来。为了研究完全变态型昆虫的生长过程，我带了几只回家。

小幼虫只有5毫米，经过几次蜕皮，它们变成了翠绿色的大龄幼虫，我给它们喂花椒树叶吃，它们慢慢长成了1～3厘米的胖乎乎的毛毛虫。

再过一段时间毛毛虫就吐丝将自己缠紧结成了蛹，蛹的形状像一片枯叶，头顶有三个角，背上有一个角，而个别的蛹也会呈绿色。

经过两三个月的漫长蛹期,最终破茧而出,羽化出美丽的柑橘凤蝶！凤蝶刚羽化时翅膀比身体小,湿漉漉的翅膀经过晾干后就开始展翅试飞了,翅膀上黄黑相间的条纹非常漂亮,它围着我飞来飞去,落在我的肩头、手上,那感觉真是太美妙了！

（三）中华螳蝎蝽（水螳螂）

水螳螂的学名叫"中华螳蝎蝽",上个月的某一天,我在小区池塘里偶然发现了一只水螳螂,我从来没有见过水螳螂,我觉得这太珍贵了,可以研究一番,所以就把它带回了家。

这只水螳螂的形状很像树枝——因为它的身体很细,而且还有四条细长细长的腿,就更像了；钳子又像两片叶子,所以整体看上去真像是树枝！它的头是深棕色的,胸是浅棕色的,腹部是黄色的,它还有两对黑色的翅膀。它有时候会飞出我家的鱼缸,我觉得它的翅膀的作用是在河流干枯的时候可以飞到另一条河流。

水螳螂的卵是产在陆地上的,孵化出来的小水螳螂是鲜红色的,非常稚嫩,嫩到比一层薄薄的小冰晶还容易破裂。在这个脆弱的环节,小水螳螂会奋力爬行,爬到水中,开始自己漫长的生涯。经过许多次蜕皮,它们从小小的两三毫米能长到5厘米那么大,用尖锐的口器和锋利的前腿捕捉蝌蚪与鱼儿吃。

我给水螳螂准备的食物有小蝌蚪、小鱼、青蛙、泥鳅。前天,我发现给它的两只蝌蚪已经都被吃掉了。所以我又给它捉了一条小鱼、两条泥鳅、一只树蛙,我刚想放进鱼缸里,它就一跃而起来够我要给它的食物,我怕它夹我,所以就一松手,水螳螂、小鱼、两条泥鳅、树蛙一起落入了水中！刚到水里,水螳螂就已经飞速向小鱼冲去,小鱼毫无防备,被水螳螂一钳子抓住了,水螳螂津津有味地吸吮着小鱼的血,我便坐下来目不转睛地看着,不知不觉看了一个小时,都忘了吃饭。

我真喜欢我的水螳螂。

印象云南——石林

庄奕楠

谈起昆明的风景,最不能少的便是这昆明的著名地标——石林。这个风景名胜区早已被所有人熟知,甚至被搬上了教科书。在我自己的感觉中,石林就是从地下挖出来的一些石头而已,但今天我亲眼目睹的石林震撼了我。

距昆明市78公里的路南县是我国岩溶地貌(也称喀斯特地貌)比较集中的地区,全县共有石林面积400平方公里。

穿梭于大小石林间,让人感到一种至真至纯的感觉,一阵清爽的风飘过,似乎还夹着几丝云霞。进入景区内,但见石柱、石壁、石峰千姿百态,争奇竞丽,有的石柱高达40～50米。但这里的石头与众不同,它是一幅绝妙的画,每天吸引五湖四海的游人前来驻足观赏:有唐僧石、悟空石、八戒石、沙僧石、观音石、将军石、士兵俑、诗人行吟、阿诗玛等无数像生石,无不栩栩如生、惟妙惟肖,令人叹为观止。除了人形的,还有许多酷似植物的,如雨后春笋、莲花蘑菇、玉簪花等。有一处钟石,还能敲出许多种不同的音调。还有一些没有命名,等着游人自己去想象。石林就是一座巨大的自然石景艺术宝库,任凭游客去观察、去发现,去自由地想象。

在整个游览过程中,我最喜欢的便是小石林中那块似人形的"阿诗玛",这块石头高高地耸立在小石林谷的一条小河边。"阿诗玛"石形、神俱似阿诗玛,人们把对阿诗玛的怀念寄形于这座石林,这座石林已是阿诗玛的化身,并成了景区最著名的景点之一。

景区内峰回路转、曲径通幽、移步易景,使人如入迷宫仙境,游者莫不流连忘返,赞不绝口。

参观完石林，证明了当初我的感觉是错误的。石林并非是从土中挖出来的，石林出土过程异常繁复。根据园中提示牌，我才知道石林是两亿年前海底石灰岩层，经地壳运动、海水和风雨侵蚀而形成的自然奇观，确实是"天下第一奇观"。

杨 树 花

庄奕楠

迎接第一缕春光的是一片片像"毛毛虫"似的杨树花，还是一朵朵含苞待放的玉兰，或是一支支吐芽的小树枝呢？

"捡到了，捡到了！"咦，捡到什么了？哦，原来是同学们在捡杨树花啊！我俯下身来，也捡起了一片。杨树花其貌不扬，酷似"毛毛虫"。它没有桃花那样艳丽，没有迎春的美貌，也没有玉兰那般端庄、大气，只是在春寒料峭的春天，争先开放，铺天盖地地落了下来。

在我们学校中有很多杨树，其中最多的是大叶杨。大叶杨的花颜色较深，偏于咖啡色，一层层绒毛后藏着一条条金黄的花条儿，有的与绒毛的样子相似，有的则不同。

我轻轻地拿起这条"毛毛虫"，仔细地端详着。在一条绒绒的碎毛前，长有一个"小脑袋"，小小的，是椭圆形的，若是你把它和毛毛一起撸掉，里面会有一个像绳子似的芯，细细的，一拉就断。

杨树是先开花，后长叶。叶子需要足够的地方和能量。若是花与叶双方互不相让，双方都长不出来。于是花便让叶吸取足够的能量再长出来，杨树花就自告奋勇地探出头来了，但是，它们即将面临凄惨下场，它们很快掉落在地上，被清洁工无情地扫走抑或是被孩子们游戏玩耍后抛弃在垃圾中。有的幸运，落入泥土中，化作春泥更护花。

杨树花也是花，更是报春的使者。只是花期极短，但是它这种默默奉献，"舍己为叶"的精神值得我们学习。在这背后，是一种渺小中的伟大。

蚕 儿

张睿楠

我在四年级的时候，养了一条小蚕。那只蚕很可爱，它的身体雪白透明，所以我给它取了一个很俗的名字叫"小白"。

"小白"身体雪白，没有骨头，软软的，就像棉花糖一样，放在手里凉凉的，特别好玩儿。每天上学的时候我都偷偷地带着"小白"，把它放在一个我自制的盒子里。上课时，我就把它放在书桌里，陪我一起上课。下课的时候看看它，并偶尔喂它一点桑叶，它吃得可高兴了。放学回家它就陪我一起做功课，我吃饭时把它放在旁边，看电视时，让小白趴在我的手背上和我一起看电视，慢慢的，我就离不开它了。

我和妈妈每两天都去清华园给它摘取新鲜的桑叶，我陪它一点点长大，一点点变胖，小白蜕了好几次皮。但是有一天晚上，他不吃东西了，他的身体由白色慢慢变得无比透明，并且他开始不停地忙碌着，从嘴里吐出好多的丝，它一点一点的用吐出的丝把自己裹了起来。裹的很严、很密，坚固得像攻不破的堡垒。我问妈妈："它怎么了？"妈妈说："她正在结茧"。我特别伤心地问妈妈："妈妈，它还活着吗？"妈妈说："它还活着，它正在蜕变。"我没明白妈妈的意思，只是每天放学都跑到小白结茧的地方等着它出来。

过了好几个星期，茧壳终于破了。我迫不及待地等待着那像毛毛虫一样的小白快点出来。可出来的是一只还飞不起来的蛾子。我问妈妈小白呢，妈妈说这就是小白。听了这话，我哭了,我盼了很久的小白它再也回不来了,我再也不能把他凉凉的身体放在我的手背上,它再也不能和我一起上课,再也不能陪我了。妈妈看我哭得伤心,过来摸摸我的头,安慰我说:"小白变成妈妈了,她会生出很多只和小白一样的小宝宝。你会有更多的好朋友。"

就像妈妈说的,小白生了很多像黑芝麻一样的蚕宝宝,大概有 20 多个,他们都特别小,但在这个时候,小白离开了我们。妈妈说小白从长成蚁蚕开始就不停地吃东西,让自己长大。长到一定健壮的时候,就开始用尽全力去编织茧壳,在茧壳里经历最痛苦的蜕变,变成蚕蛾,最后咬破坚硬茧壳,破壳而出孕育新的蚕宝宝。蚕的目标明确,认真做好生命中的每一步。

回忆起小白和我一起的时光,想起它认真努力的精神,我也暗自下定决心,好好学习,像小白一样为实现目标认真做好每一步。

茶

刘九毓

茶,我喝过很多种,也见过很多样,但具体来说茶到底要怎么解释,我还是不很清楚。每当我闻到茶香时总是有一种说不出来的感觉。于是,我打算来品一次功夫茶。

品茶,是一种较为优雅和闲适的艺术享受,一定要慢慢品尝,我拿出了茶壶,取来了姥爷爱喝的茉莉花,烧上开水洗了个玻璃杯,一会儿好喝茶用。

水开了,我把茶壶放到了饮水机下面接满水,把盖子盖上,过了一会儿我把盖子打开,哦,好香啊!有一点茉莉花的香气,我又把茶倒入杯中,轻轻地吹了一口气,然后深深地闻了口茶香,慢慢地喝了一小口,嗯!微微的有点甜香,喝到肚子里暖暖的，喝完一口后，嘴巴里都是香的。

　　我一边喝着茉莉花茶一边上网上看了看关于品茶的要领：喝茶要心静，这是品茶人极为重要的心态，茶的性格如水，清幽、儒雅，如高山之雾，如七月巧云，如清池碧波。与茶相伴，总要平心静气，一小口一小口地抿，让茶香润泽口齿之间，再慢慢咽下，回味悠长。我看完后，照着上面说的试了试，嗯，果然不错，似乎有那么一点感觉出来了。

　　我在品茶中度过了一个恬静的午后，茶，真的是越喝越有味道。

记春光中附小的那棵玉兰

庄奕楠

　　我静静地站在玉兰树边，细细地看着这玉兰。这是棵大树，底部树干显得有些干，越向上，就越有点泛白，花骨朵很多，爬满了枝头，要光凭数那是数不过来的。有的已经开出了一两瓣；有的还没开，像胆小似的，不敢出来；还有的因为自己身在高处受太阳直照，吸取了足够的能量，就全开了。

　　刚开的花儿，大小如球，白得像雪，嫩嫩的，宛如熟睡的婴儿，我不敢动它，怕惊醒它，怕弄脏它。花儿的底部微微泛着一层薄薄的紫红色，就像给如玉似的玉兰花穿上了一件小裙子。

　　一阵微风吹过，深深呼吸，能闻出玉兰那独特的香，既不浓烈也不醉人。这种香，只有你安静地，慢慢地呼吸才能感受到。

　　我不由得向玉兰树靠近了一些，伸手抚摸它的树枝，轻轻地摸了几下，闻到手上有一点儿暗暗的、淡淡的树香味，觉得这应该就是花的香味，于是就努力深呼吸，结果却一点也没有。

突然转过头来，发现对面的玉兰也开了，而且，与众不同的是从花底部至花梢，都有点淡紫红色。不过大部分是花苞，花苞毛茸茸的，颜色呈灰绿色。别看花苞最外层感觉软软的，但是待花期过后，最外层也就掉下来了，那时，再摸一摸，你就知道了，其实它们是软中带硬的。

第六章　诗词篇

　　我们民族文化中的经典当推代代相传、汗牛充栋的诗词歌赋,屈原的"游于江潭,行吟泽畔";李白之"吟诵有所得,众神卫我形";杜甫的"口不绝吟于六艺之文",白居易的"歌吟终日如狂叟"……既如此,吟诗咏赋、曲水流觞,是为国学之文化。传习诗词不能定义为独特之学问,而是濒危之学问,所以,心中要怀着一份虔诚的情愫。而现代诗,又是传统文化下的一汪清泉,是传承,更是创新。

评改要点

（1）有感而发

写诗，有感才发出来，无感不能写，否则就索然无味了。孩子们小时候写诗是一件很容易的事情，他们越小越会写诗。他们嘴里所说出来的句子，基本就等于儿童诗歌了。为什么会这样呢？因为他们每一天每一时刻，都在感受和理解生活在其中的周遭世界，每一天都有新的领会。当他们说出感受，那便是人类最初阶段的纯真了。等到长大，我们就要借助诗歌这种高度凝练的形式来表达自己的感触，反而变得复杂起来，其中有一个原因是我们有感也不一定发，也不能直接写成诗，多数时候是磨钝了一颗心。

（2）从古体诗的意象到现代诗的病句

诗的灵感是可遇不可求的，雕琢语言时，我们会发现，写得好的诗歌，有时候并不那么规整。古体诗多意象的叠加，如"枯藤老树昏鸦，小桥流水人家，古道西风瘦马"……没有说什么，只是意象的叠加就已经是很美的诗了。但其实，在学生读来，这样的意象叠加并不是完整结构的句子，只是并不影响理解。现代诗也有如此的规律，往往看似"病句"才是健康的。就如诗人林茶居所写——"另一只手从水中爬起，在百草堂写下'两岸'。"是群峰与云朵的奔走相告……虽然不太符合语法，但是都能使人理解，甚至更有感觉。

（3）蕴深刻于周遭生活中

在准备创作之前，要仔细观察生活中的事物，并发挥自己的思考和联想，表达出自己独特的发现，将抽象哲理含蕴于生活中鲜明的艺术形象之中。

诗歌的最大魅力在于诗中蕴含的思想和情感,因此要追求有诗句创见,避免概念化、一般化,切忌人云亦云,浅薄无味。从"静"的物象写出"动"的思想、情感,表现出诗人对周围的人、情、物、态的浓厚的人文关怀和思考。诗歌往往从一种人们熟视无睹的小事物、小景象中反映出大主题。

好作文是改出来的

评改实例

草稿篇1

睡 不 着

陈楚玥

左翻右翻① 　　　　　　　　　　　① 加上逗号吧！或者全诗不用句读。

心想：快睡吧！

天上的星星都已经快睡着了。

右滚一圈，左滚一圈。

一颗星星睡了，两颗星星②……　　　② 加"睡了"两个字吧！这样，不仅完整，诗歌的节奏也合上了。

六千九百九十九颗星星睡了。③

第七千颗星星在哪儿？　　　　　　③ 哇，居然数到六千九百九十颗星星还没睡着。

还差一颗星星，正在数星星。④　　④ 此处"第七千颗星星在哪儿"的答案绝妙。既回答了问题，又转向新的开始，诗歌进入童谣般的无限循环。

最后一颗星星没有睡。

星星睡了。

数谁呢？⑤　　　　　　　　　　　⑤ 引读者共同发问，充满儿童幻想，答案不定。

右翻左翻

心想：快睡吧！

天上的星星已经都睡了⑥　　　　　⑥ 标点打上。

似乎，还有地上的蚂蚁没有睡⑦　　⑦ 这一句要不要套用上一节的句式呢？

左滚一圈，右滚一圈

一只蚂蚁睡了，两只蚂蚁……

七万九千九百九十九只蚂蚁睡了

第八万只蚂蚁在哪儿？

还差一只蚂蚁，正在数蚂蚁

最后一只蚂蚁没有睡

星星睡了

蚂蚁睡了

数谁呢？⑧

⑧ 诗歌变成了形式上的叠加，有趣味。

左翻右翻

心想：快睡吧！

要不然，明早就有熊猫眼了⑨

右滚一圈，左滚一圈

一只熊猫睡了，两只熊猫……

八百九十九只，熊猫睡了

⑨ 多好的引入，从熊猫眼开始，自然地开始数熊猫。

但是，太阳醒了

一米阳光，两米阳光……⑩

九百只也睡了。⑪

⑩ 想象是多么神奇、瑰丽，阳光也是可以数的，一米一米地数。

⑪ 我感觉这九百只应该在前面小节就醒过来更好，放在此处，跨度大，语义好像断开了。我希望结尾能告诉读者，睡不着的原因是什么。在结尾处做一个"大惊喜"或"大悬念"就更好了。

总评：这首诗写的就是小作者的暑假生活，读者们一定能从中找到共鸣。从还没有放暑假时，对暑假的向往，到真正放暑假了，对无限自由来临的兴奋；每到过了几天完全放松的日子之后，变得无所事事；到最后，回到对学校生活的想念，对同伴的想念。这样的情感变化过程是太真实了。这首诗从写作的角度来看，最大的特点是内容与形式深深融合，语言仿佛迷迷糊糊哼着眠歌，形式上也昏昏欲睡几度回环，与要表达的主题浑然天成。小作者继续写下去，生活就是一首诗。

修改篇1

睡 不 着

陈楚玥

左翻右翻，

心想：快睡吧！

天上的星星都已经快睡着了。

右滚一圈，左滚一圈。

一颗星星睡了，两颗星星睡了……

六千九百九十九颗星星睡了。

第七千颗星星在哪儿？

还差一颗星星，正在数星星。

最后一颗星星没有睡。

最后一颗星星也睡了。

数谁呢？

右翻左翻，

心想：快睡吧！

天上的星星已经都睡了。

地上的蚂蚁睡了吗？

左滚一圈，右滚一圈

一只蚂蚁睡了，两只蚂蚁睡了……

七万九千九百九十九只蚂蚁睡了。

第八万只蚂蚁在哪儿？

还差一只蚂蚁，正在数蚂蚁。

最后一只蚂蚁没有睡。

星星睡了,

最后一只蚂蚁也睡了,

数谁呢?

左翻右翻,

心想:快睡吧!

要不然,明早就有熊猫眼了。

右滚一圈,左滚一圈,

一只熊猫睡了,两只熊猫睡了……

八百九十九只熊猫睡了。

第九百只熊猫在哪儿?

还差一只熊猫,正在数熊猫。

最后一只熊猫没有睡。

但是,太阳醒了。

一米阳光,两米阳光……

什么时候才能见到亲爱的伙伴?

草稿篇2

一棵桃树的春天日记

张济楷

① 改为句号更合适。

1月23日,晴①,今天,阳光非常好,睡过了一个冬天的我慢慢醒过来。脚底下湿漉漉的,难道下雨了?不对,身边一块大石头上还残留着一点积雪,正在逐渐融化。回头看看灿烂的阳光,春天终于来了,我高兴地笑了。

2月10日,晴。昨天,一位年轻的妈妈和她的孩子来到我的树下休息。妈妈指着我对他说:"宝宝你看,多美啊!"孩子咿咿呀呀的②蹬着腿表示同意。我也深有同感。③身边的柳树冒出新绿,荷塘里晶莹的冰块已化为一汪清水。还有对岸的小伙伴们,杏树、梨树、榆叶梅,都争先恐后地结出白的、粉的、红色的小骨朵,正如繁星点点。低头看看,我自己的身上也爆出了一个个的小花苞,哇,春天即将绽放。④

3月13日,晴。今天,我开花了,粉白色的花朵。香味很轻,却能飘得很远。风一吹,花瓣像雨一样,撒满了地面。很多小朋友在树下转着圈,想要接到更多的花瓣。我知道,夏天快到了。⑤

四季是一首诗,春是其中最美的一段。在春天里,我开花了,要结果了,我爱这美丽的春天!

总评:这是一篇叙述体的散文诗,难以想象它出自一个自小喜爱看武侠小说、杂文的男孩儿之手。要说原因,这一定是春天太美了,而他又恰好是一个很有感受力的男孩儿,于是,春天的美投射在他心底。这首散文诗结构跳跃,扩大了春的容量。从一个场景转换到另一个,以看似日记的形式,将诗的意象摇曳、叠加,贯穿联结的是相通的春天,给读者以无限想象的空白美。就主题而言,没有停留在情景事物的表面描述而是发掘很深。以描写为基础,借以情感抒发,表达对春天的喜爱,更隐含着对自身"开花""结果"的欣喜和期待。

② 地
③ 多么幽默的表达,这也是自信的表现。

④ 此处写得欣喜,自己完全沉浸在春天里,化作春天。
⑤ 突然来了一句"夏天快到了"。从哪儿来,想表达什么呢?没有读明白呢!3月13日,就已经想夏天快到了,似有些早,你是一棵有些焦虑的桃树吧!

修改篇2

一棵桃树的春天日记

张济楷

1月23日,晴。今天,阳光非常好。睡过了一个冬天的我慢慢醒过来。脚底下湿漉漉的,难道下雨了?不对,身边一块大石头上还残留着一点积雪,正在逐渐融化。回头看看灿烂的阳光,春天终于来了,我高兴地笑了。

2月10日,晴。昨天,一位年轻的妈妈和她的孩子来到我的树下休息。妈妈指着我对他说:"宝宝你看,多美啊!"孩子咿咿呀呀地蹬着腿表示同意。我也深有同感。身边的柳树冒出新绿,荷塘里晶莹的冰块已化为一汪清水。还有对岸的小伙伴们——杏树、梨树、榆叶梅,都争先恐后地结出白的、粉的、红色的小骨朵,正如繁星点点。低头看看,我自己的身上也爆出了一个个的小花苞,哇,春天即将绽放。

3月13日,晴。今天,我开花了,粉白色的花朵。香味很轻,却能飘得很远。风一吹,花瓣像雨一样,撒满了地面。很多小朋友在树下转着圈,想要接到更多的花瓣。我知道,花落了,意味着夏天就快到了。但那又何妨,花开时尽情,花落时,我也将有新的期待。

四季是一首诗,春是其中最美的一段。在春天里,我开花了,将要结果,我爱这美丽的春天!

草稿篇 3

我想知道……

倪洪炜

躺在草地上,
望着高高的天——
一群大雁自在地飞过,
一会儿排成"一"字,
一会儿排成"人"字,
我想知道,

教它们写字的老师是谁，
该是个多么孤独的人啊！①
——————————②

蚂蚁从我身边经过——
它们喊着劳动号子，③
抬着一粒小小的米。
我想知道，
如果把我抬进蚂蚁的家，
该要多少只壮蚂蚁呀！④

我想知道……⑤

① 从"一""人"的雁阵队形，联想到写字，再由写字，联想到教写字老师的孤独。这就是诗歌奇特的想象。
② 与"躺在草地上"呼应过渡一下。
③ 一个躺在草地上天马行空想象的自由人与一群喊着劳动号子的蚂蚁，形成了鲜明的对比。
④ 不仅是"多少只"蚂蚁，而且还是"壮蚂蚁"。想象不仅奇妙，也体现出合理性。
⑤ 还有无限的可能，等待一颗童心去探索。

总评：这首小诗虽短，但有四个显著的优点：一是想象丰富，平平常常的雁阵飞过和蚂蚁搬家，在小诗人的眼中变得那么有趣味，引发他无限的遐想，也使读者陶然其中；二是构思新巧，大雁排队，队形"一""人"，化作孤独；蚂蚁经过，自己化身巨人，诗句变成了《格列佛游记》中的情节，这些想法是多么巧妙；三是语言童趣，写字老师、喊劳动号子、抬进蚂蚁家……儿童的话语，萌化人心；四是意境优美，一个可爱的男孩儿，躺在一片绿草地上，摆出一个自在的"大"字，抬头望，万里晴空，大雁悠然飞过，低头见一群蚂蚁经过。人、雁、蚁本是各忙各的，却在这样一个想象力喷薄的时刻，变成了一首诗。

修改篇3

我 想 知 道

倪洪炜

躺在草地上，
望着高高的天——

一群大雁自在地飞过,

一会儿排成"一"字,

一会儿排成"人"字,

我想知道,

教它们写字的老师是谁,

她该是个多么孤独的人啊!

低下头来

一队蚂蚁从我身边经过——

它们喊着劳动号子,

抬着一粒小小的米。

我想知道,

如果把我抬进蚂蚁的家,

该要多少只壮蚂蚁呀!

草稿篇4

鹊踏枝·归去

顾子豪

两头红柿挂枝头。[①]

雀上槐树,[②]

呢喃话斜阳。[③]

风大雾深尘满行,[④]

车过笛急月朦朦。[⑤]

① 此句应为"仄仄平平平仄仄"。
② 此句应为"仄仄平平"。
③ 此句应为仄仄平平仄
④ 此句应为仄仄平平仄仄,风大,雾霾就不深了,矛盾。
⑤ 此句应为平平仄仄平仄

总评:顾子豪读《鹊踏枝》后,想要尝试自己写一首词,用以描述北京雾霾中的原本清晰、美丽的风景,以及抒发一下无可奈何的黑色幽默。但要符合词的声韵,这是比较难的,所以,最后就只得了一片。就这一片,他也已经很满意。若说《鹊踏枝》词牌一般以抒写缠绵悱恻之情为多,这半首词也算是,但这情却不是儿女情长,是对人类自身生存环境的关注和焦虑。顾子豪作词完,感叹:"既要考虑平仄和韵脚,还要注意描写和主题表达,崇拜古人啊!"

修改篇 4

鹊踏枝·归去

顾子豪

两个深红枝头坠。
雀上槐梢,
哑咽啼秋色。
雾重霾深无对策,
隔窗坐待惶惶夜。

草稿篇 5

无锡踏青

王欣怡

草意葱茏鼋头渚,
烟雨朦胧游太湖。
碧波<u>起伏</u>①船影淡,
<u>谁知湖畔鹭鸥无?</u>②

① "起伏"一词动作太大。与"船影淡"不太搭配。建议改作"碧波万顷",与"船影淡"形成视觉上的冲击,辽阔无边的水上,一叶小舟,很有意境。

② 啊,原来是静中有动,鸟飞走了,却更显得静,与《鸟鸣涧》异曲同工。

修改篇 5

无 锡 踏 青

王欣怡

草意葱茏鼋头渚,
烟雨朦胧游太湖。
碧波万顷船影淡,
谁知湖畔鹭鸥无?

草稿篇 6

咏 松

闫京轩

<u>敬尔能生涧壁,</u>①
赞汝不畏风雨。
曾历战火硝烟,
<u>仍立山头之上。</u>②

① 写得好,但改作"敢指春天"是否更有气魄?

② "曾历"对一个"如今"怎样?押韵的问题怎么解决呢?

修改篇 6

咏 松

闫京轩

敬尔敢指青天,
赞汝不畏风雨。

曾历战火硝烟,

如今仍立山尖。

草稿篇7

傲　梅

程　一

<u>傲骨梅花蓄开放</u>,①
<u>大雪纷飞如白浪</u>。②
虽已腊月二十八,
<u>红梅一点不知寒</u>。③

① 直接写"傲骨"太早。
② "大雪"与"梅花"的位置要对应。
③ 这"一点"从何而来?与雪的关系是什么?

修改篇7

傲　梅

程　一

嶙峋梅树蓄开放,
纷飞大雪千层浪。
年近腊月二十八,
梅红一点傲雪寒。

总评:《无锡踏青》中的细致描景,为我们缓缓展开一幅山水卷轴画,翠色欲滴。其中最后一句诗行写到船行鸥鹭飞,静中有动,饶有趣味。在《咏松》中,这株松树化身一个英雄,饱经风霜,却仍屹立山尖,用拟人化的手法,赋予松树风骨,与《老人与海》有异曲同工之妙。而《傲梅》中,一株瘦骨嶙峋的梅蓄势待放,却不怕纷飞的大雪迷蒙了双眼,不畏严寒,在白皑皑一片中奋力开出一点红。作者用嶙峋身形与千层浪般的大雪对比,又将白与红的色彩进行对比,写来感人至深!学生们写诗的过程,真是"吟安一个字,捻断数茎须"啊!也许对仗还是不够工整,也不能完全做到合辙押韵,但敢于尝试就是继承传统文化的最好方式。

佳作欣赏

树 的 一 家

陈楚玥

树　根

你是最好的和最坏的爷爷，
你总是不闻不问头顶儿女们的事，
但你总是在底下默默付出。
当然你也是最勤快、最重要的爷爷。
你需要一刻不停地做饭，
你永远也不能睡觉，
因为你睡了，你的儿女就起不来了。

树　干

你是最沉默和最坚强的奶奶，
你似乎当过兵，站在风雨中，一立就是百年……
你寡言少语，只听儿女在风中聊天。
你也是最坚强，付出最多的奶奶。
你总是静静忍受虫儿带给你的痛，
静静地传送食物，
只为守护你头顶的儿女……

树　枝

你是最爱看风景和最忙碌的爸爸，
你总想探出头，去看外面的世界。
你不停地长出分身，但还是分身乏术。
你是最忙碌的爸爸，
虽然偶尔想摆脱一堆小孩子的细细私语，

但还是不得不当一个好"奶爸"。

叶　子

你是最黏人最活跃的妈妈。

爸爸有几个分身，你就有更多的分身，

你总是黏在爸爸身上，怎么摇都摇不下来。

你总是很活跃，风一来，

你那千万个分身一起跳舞，道着"欢迎欢迎。"

你还是最爱美的妈妈，每一片都镀着阳光，光彩照人。

我 的 玫 瑰

郭思彤

我的玫瑰是紫色的，

紫得像熏衣草丛上坐着的贵妇人穿的晚礼服，

紫得超过雨过天晴后在彩虹桥上飞舞的气球。

我的玫瑰是黄色的，

黄得就像金灿灿的夕阳下，那永远也走不出的撒哈拉大沙漠。

黄得超过那含苞待放的水仙花蕊上坐着的蜜蜂姑娘。

我的玫瑰是粉色的，

粉的就像玫瑰花上的一枚可爱的唇印，

粉得超过那宝石旁翩翩起舞的玫瑰水晶眼凤蝶。

噢，我是多么想有一朵玫瑰。

好作文是改出来的

她的梦里

　　门鹭彤

她的梦里，
去到那，
鄱湖岸边。
那里开满朵朵红花，
柳正嫩黄，
风筝在线上，
等待散学归来的小姑娘。

闭 上 眼

　　肖云祺

闭上眼，
团起身，
时光是昏黄的灯。
我倦了吗？
我飞得那么远，
线还在你手中吗？
妈妈。

回 家

　　周一琳

我回家了。
睡回二楼我自己的房，

大大的阳台，

大大的落地窗。

长在楼下的梧桐树先开花了，

没有一片叶，

光秃秃的树干，

光秃秃的枝丫，

举着大朵大朵的花，

在漆黑的夜里亮晶晶，

像无数星星挂在树上。

打开窗，

屋后是一片水潭，

能听见蛙声一片，

应该是多么让人脸红的情话啊……

花·思

阮逸兰

花，告诉我，

你为何这样鲜艳？

你的鲜艳让我瞠目。

是不是绿叶的陪伴，

让你全心盛放？

花，告诉我，

你为何这样沉默？

你的沉默让我驻足。

是不是风儿的秘密，

让你不说一语？

现在，我将离你而去。
再回首，
凝眸处，
一地缤纷，
凋零的是你晶莹的眼泪，
还是我易碎的心？

灯　光

谭　涵

在静静的晚上，
我在马路上。
车海向我涌来，
高楼顶天立地，
大雾把整个城市照得朦朦胧胧。

在朦朦胧胧的城市中，
我走在街道上。
人海向我涌来，
灯光很昏暗，
一束光为我照亮了熟悉的楼梯。

在熟悉的大楼中，
我摸索在楼道中。
黑暗向我涌来，
一束光从门缝中溢了出来，
向我照亮了家。

那一夜,

从黑暗到光明,

从害怕到温暖,

只是因为,

那一夜,

我找到了家。

如 果

闫京轩

如果,

我是一只小鸟,

我要在天上自由地翱翔,

还要欢快地歌唱。

如果,

我是一朵小花,

我要努力绽放,

还要散发阵阵清香。

如果,

我是一个动物,

我要尽情地奔跑玩耍,

还要为世界添一丝生机。

如果,

我是一棵大树,

好作文是改出来的

我要结出甘甜的果实，
还要为世界添一抹绿色。

如果，
我是一片白云，
我要降下清明的雨滴，
还要予人一丝清爽。

如果，
我是那月亮，
我要反射太阳之余晖，
还要为迷途的人们指引方向。

即使我是一棵小草，
我也不甘心被石头踩在脚下，
我渴望那光明和自由，
我要一点一滴地攒力气，
好把那石头顶开。

乞　讨

梁时雨

马车在冬天的乡村小路上，车轮吱呀吱呀。
乞讨的女孩跟在后面：
"先生，先生！"
秃子肥得流油的大脸探出来，
仿佛知道了她的心思，

吐了口痰,
马车远去。

一家俱乐部里出来一位夫人,
身着貂皮。
小女孩跑了过去:
"夫人,夫人,我母亲病了,没钱治,可怜可怜我吧!"
夫人瞟了她一眼,似乎在看着一根鸡肋骨,
把她踢到一边。

下雪了,
远望白茫茫的一片。
小女孩看了看黄昏时的天空,
叹了口气:
"可怎么办好?"

小女孩继续走着,
日复一日,
直到母亲走了的那一天,
女孩绝望了,
她恨现在的一切。

一辆汽车飞驰而过,
女孩倒在齐腰深的雪地里,
血流如注。
"先生,先生……"女孩再也没有醒来。

或许在天上的某一处,

没有伤痛,
没有高低贵贱。
在那极乐的国度里,
小女孩和妈妈依偎在一起,
永不分离……

第七章　论述篇

当年的《列子·汤问》中,"两小儿辩日",难倒了圣人孔丘。而今天,看12岁的少年,或因为阅读,或因为时事,或因为困惑,开始了哲人思考,开始合纵连横,开始唇枪舌剑。也许论点并不多么高明,论据也可能不够充盈,论证的过程还有漏洞。但正如叶圣陶老先生所言——这个"思维活动的过程就是语言形成的过程。""想清楚","朦胧的思想"就会成为"清晰的思想","零零碎碎不成片段的语言"就会成为"有条理、有组织完密的语言"。"思想认识达到深入、透彻",而语言也不再"晦涩、含糊"。

评改要点

(1) 是什么——观点从真实生活中来

一定有人质疑：小学生写什么论述文呢？写好写人记事就足矣。不能这样说，小学生也生活在这个大人生活的世界中，为什么不允许他们对生活发问、追问，并寻找答案呢？再者，在写文章的技术已经达到一定水平之后，学生们的文章又将如何比较高下呢？这高下正藏在写作者的思想深刻性上。主题教学一直强调"情感思辨"，这情感、思辨来自于对生活的关注，来自于真实的思考。

(2) 为什么——论述的层次清晰

为什么是这样，接下来展开层次清晰的论述。这个过程其实就是探寻经验的过程。"所谓经验，不只是零零碎碎地承受种种见闻接触的外物，而是认清楚它们，看出它们之间的关系，使之成为我们所有的东西"。学生在论述中尝试着思考事物之间的联系，把现象综合起来考虑，找出规律，为自己所用，这种"用"不是只用在一件事情上的"刻舟求剑"，而是运用到其他事情上也行得通的道理，这样的写作是对思想的训练。

论述要注意层次和逻辑，此处也可以先画好思维导图。切忌论述的观点和论述的根据之间缺乏必要的粘连，即通常所说的有述无论、有据无析。要层层递进、一环套一环，论述得严密，没有漏洞。

(3) 怎么办——论述的意义

论述的意义是解决问题。最后，还要注意将论述的观点落到实处,将具体事例联系生活实际,从"知"的层面,迁移到"行"的层面。如,有同学写"懒惰",写得颇有趣味,尤其写精神上的懒惰,其中的心理活动写得非常真实,因真实而触动人心。但还有改进之处,那便是对懒惰的"知"已经有所论述,应该告诉读者怎样克服懒惰的"行",可以写一写你认为怎样做可以克服,或者你曾经怎样做,就有了成功的体验。

评改实例

草稿篇1

道 德 底 线①

张复弘

谈论道德底线，不得不先谈一谈什么叫"道德"。道德是人人必有的一种品行，②可是这世上还有N多人③不知道什么叫"道德"，这些人贩卖儿童、吸毒、受贿，等等。这种没有道德底线的人，也没有良心。

学校的教育让我们更好地了解道德底线④在哪里，但仍然无法避免没有道德底线的人存在，这样的人就相当于走上了一条人生的不归路。

我们再⑤从战争角度谈一谈道德底线。就说"二战"吧！日本对中国占领区实行奴化教育，对中国人民进行血腥屠杀，摧残妇女儿童，制造"无人区"，实行"三光政策"，无差别狂轰滥炸，奴役并虐杀中国劳工，大肆抢掠财物，没有道德底线之极⑥。

而德国在希特勒带领下以闪电战方式横扫欧洲，对欧洲人民进行非常残酷的打击，更是毫无人性地掠杀犹太人，同样也没有道德底线。⑦

这就是我认为的道德底线，但在跟老师和家长讨论时，他们认为上述行为不仅没有道德底线，甚至是触犯法律的犯罪行为。看来我还要再多读书，请老师和家长帮我解惑，什么是没有道德底线，而什么又是违法犯罪呢？⑧

总评：张复弘爱看书，尤其历史、战争类的书籍。当你在浩瀚的书的海洋中遨游后，就开始有了对于战争和历史的思考。这篇文章思路清晰，首先，提出"道德底线"这个概念，然后，尝试解释什么是"道德底线"，接着，分别从三个方面去解

---

① 题好一半文，你的这个题目义正词严，让人看到大气不敢出。

② 关于"道德"论述得还不够清楚、透彻。你可以先查查资料，自己弄明白了，再内化为自己的语言落笔写下来。这样，既能让人读明白概念的内涵，读起来也鲜活。

③ 这个"N多人"的表达可以换一个词，这是你的口头禅，很多人都这么说，但是我建议你说规范的语言，写规范的文字。

④ 所谓"底线"还没有解释，"道德"和"底线"要一一阐述，再说出"道德底线"在你理解起来是怎样的。

⑤ 前文论述过了吗？为什么说"我们再从战争的角度谈一谈道德底线？"这说明你的内心是有层次、有逻辑的，但是你落到笔头，没有体现结构，变得不清晰。我们可以通过分段，通过连接词、序数词等方法体现。

⑥ 这个已不是道德底线的问题，这个"极"已经是没有人性了啊！

⑦ 对于德国希特勒的论述就不似对日本侵略者的论述丰富、具体。可以根据你所读到的书籍，甚至课堂上的课文故事来写。

⑧ 你提的这个问题很深奥啊！道德与法律有时候确实是界限不清的。它们的共同之处在于都是调节人与人、人与社会之间关系的行为规范。不同之处在于，法律只规定不能做什么，而道德则要求应当做什么；法律具有强制性，道德则主要依靠人内心的自省。

读什么是没有道德底线,最后,很谦虚地承认自己读书还不够多,思考还不够深入。又将大人质疑的问题抛出来,引人思考。文章语言准确、有力,又不失谦逊,带着少年特有的坚持。继续阅读,继续思考,继续写作,使思想更加深刻,让文章充满魅力!

修改篇1

道 德 底 线

张复弘

我看到书上说道德是人类群体的行为规范,所以不能简单地认定某种行为规范的好坏,只有是否逾越规矩的问题,这个"矩"就是道德底线。

可是这世上还有很多人不知道什么叫"道德底线",这些人贩卖儿童、吸毒、受贿,等等。他们没有道德底线,也没有良心。学校的教育让我们更好地了解道德底线在哪里,但仍然无法避免没有道德底线的人存在,这样的人就相当于走上了一条人生的不归路。

我们从战争角度谈一谈道德底线。就说"二战"吧!我们拿日本、德国和中国国民党来做比较。

日本对中国占领区实行奴化教育,对中国人民进行血腥屠杀,摧残妇女儿童,制造"无人区",实行"三光政策",无差别狂轰滥炸,奴役并虐杀中国劳工,大肆抢掠财物,没有道德底线之极,已经失去了人性。

而德国在希特勒带领下以闪电战方式横扫欧洲,对欧洲人民进行非常残酷的打击,更是毫无人性地掠杀犹太人,同样也没有道德底线。我读到的《安妮日记》和《铁丝网上的小花》等文章中,和我一样大的孩子们的遭遇让我难过了好久,那些失去了人性的人,连最纯洁的孩子们都不放过。

这就是我认为的道德底线,但在跟老师和家长讨论时,他们认为上述行为不仅没有道德底线,甚至是触犯法律的犯罪行为。看来我还要再多读书,请老师和家长帮我解惑,什么是没有道德底线,而什么又是违法犯罪呢?

草稿篇 2

你凭什么这样做?①

——在"校园暴力"新闻播出后②
谭 涵

近日,听到闻所未闻、耸人听闻的"校园暴力"新闻。<u>在了解了很多细节之后,</u>③我不禁想质问那始作俑者:你凭什么这样做?我想再细细地品论一番,论一论那打架、骂人之类的情节,<u>是啊,你凭什么这样做?</u>④

你凭什么这样做?为什么你有权利可以伤害别人的内心?为什么你可以把垃圾倒到别人的头上?你觉得这是同学间开玩笑?你敢不敢直视我的眼睛确定你只是开个玩笑?自己发泄一下,而不顾别人的感受,这是一件有趣的事,还是一件只令你自己愉悦,而使别人痛苦的事?

你凭什么这样做?为什么平日里,你跟同学不能好好地说话,却有理由数次骂别人?为什么只有你可以宣泄自己的情绪来说出脏话?<u>你觉得骂一句脏话是一件很爽快的事,还是一件很威风的事?</u>⑤

你凭什么这样做?<u>为什么可以随意地从别人包中"借"走自己想要的东西,有谁是专属于你的书童?</u>⑥你觉得这样能省钱、

① 问句作为题目,使文章彰显出十分的力量。
② 副标题的设立,显示你对实事新闻事件的关注和思考,更看出你的社会责任意识。必须写出一篇文章来"讨伐",才能解开心头之怒。
③ 听到新闻的始末之后,心中有怎样的感想?先写下来感受,为后文的论述蓄势。
④ 此处语序不当,前文已经发问,段尾不用再提,可将前面的质问挪到段尾。

⑤ 说脏话怎样使他感到威风?能再带出几句话吗?
⑥ 此处需要注脚,为什么是书童?可以从被"借"走东西的同学角度去写,他的感受很重要。

省力地去用最好的东西是一件方便的事,还是一件可耻的事?

你凭什么这样做?午餐时,为什么要不顾一切地多抢自己喜欢的食物?老师说过,食也是德。⑦

总而言之,我认为这一切的一切都是从不平等开始的。一个班级里,有年龄稍大的孩子,也会有年龄稍小的孩子,年龄小一点儿比年龄大一点儿的小不了多少。为人、做事、学习也许并不有多大差异,所以让我们公平、公正、友善地相处,希望你如我这般想想:"我凭什么这样做?"一定会更好。⑧

总评:谭涵对社会现象产生了较为强烈的兴趣,并调查了解了新闻背后的一些细节情况。在此基础上,他义愤填膺地写下了此篇文章。这篇文章,从结构上看,自题目到开头、到结尾,均以"你凭什么这样做"开头,其责问有如排山倒海之势,字字句句入木三分,读起来令人亦随之心潮澎湃。内容上,他选取了几个校园生活的细节,从细节处着墨,更显出了极端事件之前的细节累积。从主题上看,这个话题有些尖锐,但却反映出一个男孩子的思想觉醒,他将"校园暴力"归因为人和人之间的不公平,这正是他分析能力提高的显著表现。

⑦ 多想听听吃饭里头为什么会有德,可以将"多吃"的不对,写得更充分些,以显示出不平等。使论述更有依据,语言更有力量!

⑧ 此段似乎还在说一个年龄大小的问题,还没有到可以完全收束全文的地步。

修改篇 2

你凭什么这样做

——在"校园暴力"新闻播出后

谭 涵

近日,听到闻所未闻、耸人听闻的"校园暴力"新闻——一些小孩觉得自己大,自己就了不起了。了解了很多细节之后,我仔仔细细地又想了一番,就想到了那打架、骂人之类的情节,我不禁想质问那些始作俑者:你凭什么这样做?

你凭什么这样做？你有什么权利可以伤害别人的内心？为什么你可以把垃圾倒到别人的头上？你觉得这是同学间开玩笑？你敢不敢直视我的眼睛确定你只是开个玩笑？自己发泄一下，而不顾别人的感受，这真的是一件有趣的事，而且还是一件仅仅令你自己愉悦，而使别人痛苦的事？

你凭什么这样做？为什么平日里，你跟同学不能好好地说话，却有理由数次骂别人？为什么只有你可以宣泄自己的情绪来说出脏话？你是否觉得骂脏话是一件很爽快的事，还是一件很威风的事？你知道这些词是什么意思吗？你知道别人是什么样的感受吗？你被人骂过脏话吗？

你凭什么这样做？为什么可以随意地从别人包中"借"走自己想要的东西，有谁是你的专属书童？难道他每天上学来就是专门为了给你带学具？你觉得这样能省钱、省力地去用最好的东西是一件方便的事，还是一件可耻的事？

你凭什么这样做？午餐时，为什么要不顾一切地多抢自己喜欢的食物？老师说过，食也是德。你的品德如何，在吃饭中是怎样显现的？你爱吃的食物，难道别人就不爱吃吗？

你凭什么这样做？一个班级里，必定有年龄稍大的孩子，个子高一些的孩子。也会有年龄稍小的孩子，比较幼稚的孩子。但是大家在为人、做事、学习上也许并不一定有多大差异，你们怎么可以以自己大来欺负比自己小的人？

总而言之，我认为这一切的一切都是从不平等开始的。所以让我们公平、公正、友善地相处，希望你如我这般想想："我凭什么这样做？"自省过后，一定会更好。

第七章 论述篇

草稿篇 3

汽 水

梁时雨

今天晚上,我打完羽毛球去"赛百味"吃饭。在等餐时我先要了两个装饮料的空杯,准备先打两杯汽水。①

第一杯,渴得要命的我心情很急切,想要一次就接满。结果,汽水刚刚到杯子的3/5处,二氧化碳的泡沫便漫了上来。我只好在等待泡沫渐渐消失的这段时间,去接第二杯。②

于是,接第二杯时,我汲取了刚才的教训,一小点、一小点地往上积。每次接1/10杯,不多也不少,最终顺利地接了满满一杯汽水。③

"不积跬步,无以至千里;不积小流,无以成江海。"学习其实跟接汽水一样,一段时间不停地学习④,虽然暂时看上去很有效,会取得某种意义上的成功,并且让人觉得你很用功,但事实上,这样的成功里头有很多都是虚的泡沫。只有一步一步、一点一点、有效地学习,才会真正地丰收。⑤虽然这会让人觉得你不那么"用功",但是最后,你会拥有一整杯汽水。⑥

总评:梁时雨像是一个哲人,在生活中的小事上发现了经验。"所谓经验,不只是零零碎碎地承受种种见闻接触的外物,而是认清楚它们,看出它们之间的关系,使之成为我们所有的东西"。他在尝试着思考事物之间的联系,把现象综合起来考虑,找出规律,为自己所用,这种"用"不是只用在一件事情上的"刻舟求剑",而是运用到其他事情上也行得通的道理,这样的写作是对思想的训练。除了思维,另外,梁时雨的文笔也独具特色,他用笔简洁、朴素,留给读者的阅读想象空间很大。

① 刚打完羽毛球,一定是很渴了,建议你描述一番,为下文的内容做铺垫。是因为很渴,才很急切地想要喝到水。

② 等待的时间有多长?此时的心情如何呢?好不容易等泡沫下去了,你喝下去之后是怎样的感觉呢?所以,事情是不是走向了反面?心急吃不了热豆腐。——写出来,应该很精彩!

③ 此段可以与上一段对比写,呈现完全对比之态势,也是可以的。这对于彰显主题很有益处。

④ 这里的表述似乎不准确,你所指的"不停地学习"具体是指的什么?可能是不停地做练习题来达到好分数或考到好的学校等急功近利的做法。或者你可以联系生活实际中的某一些问题来谈,你的观点就变得更有说服力。

⑤ 你指的这种学习是一种符合规律的学习,就像符合接汽水的规律一样。这其中,可能更重要的还有在此过程中你的心态。这是学好的关键。

⑥ 其实何止是接汽水,又何止是学习,生活中还有很多事情,也符合这个规律。你可否把文章打开,由点及面论述一番。

修改篇 3

汽　水

梁时雨

今天下午盼到了每周一次的羽毛球课,我最喜欢的运动。本来应该 4 个小伙伴轮番上阵接受教练的"折磨",结果只来了我和另外一个"勇士",于是运动量陡然大增,教得我八块腹肌都快练成了,预先备好的两瓶矿泉水也早已变得空空如也。晚上,按照我们的老规矩,老爸载着我去"赛百味"吃饭。等餐时也是无聊,我便先要了两个装饮料的空杯,准备先打两杯汽水以补充元气。

在接第一杯时,渴得要命的我心情很急切,想要一次就接满,即刻就可以喝到满满一大杯汽水。所以,我用力按压着开关,不愿松手,盼望杯子能快些接满。果不其然,水位快速上升,但顷刻间二氧化碳的泡沫也漫了上来,溢出了杯子,

可实际上汽水不过只有 3/5 杯而已。杯子里的泡沫看上去并不是一时半会儿会消的,于是在等待的这段时间里,渴坏了的我赶紧去接第二杯。

这次,我汲取了刚才的教训,慢慢地、一小点儿一小点儿地往上积。每次接 1/10 杯,不多也不少,最终顺利地接了满满一杯汽水。此时,第一杯的泡沫方才散尽,露出了它那可怜的 3/5 杯汽水。

不积跬步,无以至千里;不积小流,无以成江海。学习其实跟接汽水一样,有着很朴素但不一定人人都能体会的道理。一段时间不停地"刷题",虽然暂时看上去很有效,会取得某种意义上的成功,并且让周围的人也觉得你很用功。但事实上,这样的

成功里头或许有很多都是虚妄的泡沫。只有一步一步、一点一点地学习,才会真正地收获你想要的东西。虽然在过程中你看上去不那么"用功",但是最后,你会通过持续的努力拥有一整杯汽水,收获满满。毕竟无论学习也好,还是做其他事情也好,都不是急功近利就能达到目标的呀!

佳作欣赏

面对自我的逃避

梁时雨

不知为何，我好像特别惧怕被表扬的感觉，脸上与被批评时一样，有一种烧灼感，心里很不好意思，一点儿不像书中写的那样"好自豪"。所以一旦被表扬，我总是想尽办法掩饰心中的尴尬，或是向两旁的同学絮絮叨叨，再或者故意出点洋相，逗得全班哄笑连连。也有可能，我的尴尬正是出于我对表扬产生的自豪感的不知所措？对啦，绝对没错，就是这样的！写到这里，我总算是明白了，我这是怕别人窥探到我的真实情感，就像自己不照镜子是看不清自己的鼻子的。

我想，可能表扬本身就是一种压力吧，它肯定了你的能力，而换来的则是与之相等的责任，所谓"能力愈大，责任愈大"正是此理。如果只是一味地夸耀自己的能力，却不干一点实事儿，不承担那份责任，就如赵括之流，会被人蔑视的。然而，除了极端无耻、脸皮堪比城墙者之外，应该没有人喜欢被蔑视的感觉吧，就连魏忠贤都十分在意自己的"名声"呢！

说到这里，我就已经明白了，受到表扬时的不知所措，便是对自己能力的不确定。换句话说，就是不知道自己究竟几斤几两。可如果自己没能认清楚"自我"，借助他人之眼了解自己岂不是好极？那为何还要不好意思哩！可能就是不敢面对自我吧。

人，不光有广义的人类世界，还有自己的小世界、小圈子。这个小世界并不是石头建造的，而是靠自我的方式武装起来的，可以裹得严严实实。面对自我，则像一把锤子，把这个小世界给打破了,让人们失去了保护层,赤条条地去真实面对世人。自然,这是十分不好受的。我曾切开过一个洁白、可爱的蚕茧,里面却很恶心,像是个虫族女皇一般的模样。

正是因为怕暴露自己真实的内心,生怕内心的阳光面与阴暗面都一览无遗,我们才会选择逃避自我。人们总是愿意看到优点,不愿看到不好的一面;更愿看到"美好的假象",而不是"残酷的现实"。所以,与其说是逃避自我,不如说是逃避现实啊!突然想到一句电影里常说的台词:接受吧,这就是现实!所以,接受表扬吧,这也是责任。

人生永不在于终点而在于过程

薛媛媛

有时疑惑,如果匆匆忙忙地走完这短暂而并不长久的一生,那么人生存在的意义是什么?而人这一生给这个世界又留下了什么?我想大多数人的一生几乎等同于做不完的工作,以及一天到晚忙碌、穿梭于办公室与办公室之间的行色匆匆吧。

这些"工作狂",整天都在工作、工作、工作,除了工作还是工作,就好像有无穷无尽的工作等着他们去完成。可是,他们应该静下来,也静下心来,静静地思考一次,自己生命的意义是什么?难道只是为了生存的每天的匆匆吗?就像朱自清所说的那样,我们的日子是一去不复返的,而一直忙下去,最终留下了什么?

对于我这样一个学生来说,虽然常有来自学业的压力,也常有来自父母高期待的重负,但我有时候还是要静下来、慢下来。让自己透一口气,静下来、慢下来,去享受生活,去做一些更有意义的事情。

在一个安静的午后静静地读一本喜欢的书;在一个迷人的夜晚安静地散步;或是找一个静谧的地方,一个人写写日记;再或去竹林悄悄喂一只流浪猫……总之，做一些能让你的生活真正有"生"气、真正有"活"力、真正有"生活"味儿的事，让生活真正成为"生活"，而不失去"生活"，不将生活变成一堆任务或一场赛跑！

我自己的人生究竟要做怎样的选择呢？漫漫人生路只走一次，不要只顾着日夜兼程、风雨无阻地向前赶路，有时候，静下来、慢下来，你会发现，其实路上的风景也很美。

雾　霾

罗昊林

今年的春节，我和爸爸妈妈是在三亚度过的。

刚回北京没几天，因为雾霾，我和妈妈待在家里又几天没出屋，我开始有些想念三亚，想念三亚的蓝天白云，想念那些我可尽情地在沙滩上、在花园里踢球的日子。而在北京，我只能待在家里，开着空气净化器，望着被雾霾持续不断侵袭的天空，不禁感到心酸和无奈。

在三亚的那些天，尽管因为过年燃放了很多鞭炮和礼花，不过三亚的空气依然很好，我是多么羡慕那里的天气啊！为什么同在一个蓝天下，北京和三亚的空气质量却相差这么多呢？

我觉得首先是车多！由于北京是中国的首都，人多，北京的汽车远远多于三亚，尾气的排放造成了环境污染，导致雾霾严重；其次北京周边的城市以重工业居多！工厂排放的有毒物质影响了北京的空气质量，而三亚是沿海城市，没有大量工厂排放有害物质；还有一个原因我觉得是北京冬天寒冷，需要暖气，而暖气需要烧大量的煤，产生大量烟雾，也会影响北京的空气质量，而三亚的四季温暖，根本不需要供暖。

也许还有很多其他的我不知道的原因，可是不管是什么样的原因，我想我们都应该多做些力所能及的事情，比如多种一棵树，让爸爸妈妈少开一天车，为北京能够拥有蓝天贡献出一分力量。

马上就要开学了，一想起有时候我们要戴着口罩上学，想起体育课被改在室内，想起各种室外比赛被取消，想起雾霾严重时甚至要停课在家学习，我就不禁幻想，什么时候，北京也能和三亚一样，每天都拥有蓝天，而到那时我们就是蓝天下自由自在的少年！

为什么去读书？

颜家骅

艰苦的小升初终于结束了，身心俱疲的我本以为能够休息一段时间。可我刚休息了几天，家长又带着我东奔西走，准备提前学习初中课程。这时奔走在路途中的我也开始思考：我为什么要不停地学习？我为什么要去读书？

周末我去圆明园散步放松一下心情。在我前面，走着一对母女。母亲个子不高，大约一米六，长长的头发披在身后。女儿七八岁的样子，拉着妈妈的手不停地说话。

她们声音不大，我隐约听见那个女儿问道："妈妈，读书能干什么？"这不是我正在思考的问题吗？于是我就仔细地听，想听听那个妈妈如何回答。只听那个妈妈很严肃地回答："孩子，读书可以让你更好地了解外面的世界。你看，这个叫'大水法'，是圆明园内最为壮观的欧式喷泉景观。这些都是妈妈从书上读到的……"

听到这里，我想在我心中对于为什么要读书这个问题已经有了答案：读书是为了扩展自己的眼界，让自己看到更加精彩的世界。古语云："书中自有黄金屋，书中自有颜如玉"自然是读书的附带礼物，这也无可厚非。但为着这礼物而去读书，就是取法乎下了。

　　我以为，读书是一段又一段奇遇，我在书里走遍世界各地，比如我读《欧游杂记》就如此；读书可以带着我穿越历史、博古通今，又可以带我进入科学世界，揭晓事物真相，当我读《三国志》和《三国演义》的时候就是这样的感受。只是浸泡在书海里，是很幸福的，不需要去问读书的价值，那是功利的。

　　读书自然是可以丰富我的精神生活，但是我也很清醒地意识到，读书不一定能使我获得物质上的大富大贵。联想一段时间来的小升初学习经历，这其实算不得读书，充其量是为了考试通过而练习。不过，为了以后能读更多的好书，我愿意努力，甘心被选择。我更相信，后面的读书一定能使我长大后有能力选择我自己喜欢的工作，而不是被生活"绑架"，被迫谋生。所以，我认为读书就是为了拥有选择的权利。

　　为什么去读书？我的答案就是：读书，是为获得主动选择的权利，而不是被迫谋生！

小议广告词

仲子惟

　　记得有一次我去买棒冰，售货员阿姨问我要什么，我很随意地说："随便！"她便从冰柜中取出一支叫"随变"的棒冰递给我，我吃了一惊。心想，这一定是引用了日常用语"随便"来为棒冰命名，以提高产品销量吧。

　　现在科技发达了，有些广告做得很吸引人，给人带来美的享受。但很多广告却是滥用成语，比如：自行车广告——骑乐无穷（其乐无穷），蚊香广告——默默无蚊（默默无闻），花露水广告——六神有主（六神无主），洗衣机广告——爱不湿手（爱不释手),药品广告——咳不容缓(刻不容缓),等等。

我并不认同以上这种为商品做广告的方式,我认为这是在误导我们小孩儿。有些同学很喜欢看电视,那么,他们便会大量接触到这些广告词。一旦考试就会用这些广告词作为答案,因为我们年龄还小,并不能分辨。自己也不太确定,导致语文的成绩会下滑。更重要的是,它使我们误解,使我们错误地使用老祖宗留下来的汉语精华——成语。

所以,我要呼吁大家以后看到电视上的广告词,不要轻易相信,一定要问问我们的专业老师或查查词典,去了解成语的规范用法。

我希望那些厂家们不要投机取巧,最后弄巧成拙,破坏了我们优美、简洁而生动的汉语,我们的母语需要我们来共同维护!

尧舜之谜——自私的基因

梁时雨

"谦让"自古以来都是一种十分高尚的行为,其中与此相关且世代相传的传说更是不计其数。但这些真的属实吗?人类的本性真是善良、谦让吗?那我就拿"尧舜禅让"来说一说吧。

被人们传颂了千百年的尧舜禅让的故事,真相竟是这样的:尧即位后当了 70 年王,决定要找出自己的接班人,然后与四岳商议后认为,尧的儿子丹朱虽然有能力,但是脾气乖戾,不适合当王;另一位"候选人"共工虽然表面上性情随和,能力也很强,但十分奸诈,口蜜腹剑,并且野心勃勃,也被立刻排除在外。最终,大家一致认为舜是个不错的人选,但是为了确定舜真的如人们所说的那么贤明,尧又考察了舜 20 年之久,依此推算,尧在位的时间竟然达到了 90 年!并且,尧在禅让后身体状态依然不错,又活了 8 年,那么尧即位后的历史就长达 98 年!考虑一下人类存活时间的极限,那么问题来了:为什么尧年纪轻轻就当上了王,而舜却被考察了那么多年才即位呢?为什么中华文明的五千多年历史里,只有屈指可数的两例禅让呢?这说明尧舜的禅让也许根本不存在,也许不过是编撰传说的人对和平美好生活的向往吧。

由此可以看出,人们之间的谦让,在面临生死存亡的重大关头时,是微不足道的。人们通常会毫不迟疑地选择让自己活下来,其次才会考虑他人,这一点我并不敢下定论,但很多人真的是这样。比如,李世民为了皇位和自己的性命而一手策划了震惊朝野的"玄武门事件";《三体》中的星舰为了获取有限的资源而自相残杀;《2001太空漫游》里面的鲍曼为了生存而抛弃队友后,只身一人漂泊太空……这几个大家都很熟悉的例子,就已经充分体现出人类自私的基因。正应了荀子所述:人之初,性本恶。

小议种族歧视

唐凯文

看到课文中"种族歧视"这个词时,让我想到了两个人:一个是臭名昭著的希特勒;另一个是马丁·路德·金。

希特勒就是一个极端的种族歧视者,也是一个十足的"杀人狂魔"。他认为日耳曼族才是最好的种族,其他种族的人都是低等的。他尤其痛恨犹太人,便大肆残害他们,并想把他们斩尽杀绝。

马丁·路德·金则与希特勒完全相反,他痛恨种族歧视,一直为消除种族歧视和争取黑人的平等权利而努力。他在林肯纪念堂前的演讲——《我有一个梦想》,打动了许多人的心。虽然马丁·路德·金不幸遭到了刺杀,但他的"梦想"仍回荡在人们的耳边——"有朝一日,那里的黑人男孩和女孩将能与白人男孩和女孩情同骨肉,携手并立……"

当我去到国外,虽然并未很明显地感受到白种人对我这样一个黄种人的歧视,但是我敏感的心还是能感受到些许不同。这也是一些大人之所以不愿意待在国外,即便吸收雾霾,也要回来的原因吧。因为在国内,我们都是黄种人,没有什么不同。

虽然过去了很多年,世界上依然有许多种族歧视的现象,也还有很多人在追随着马丁·路德·金的梦想。消除种族歧视,让地球人都团结起来成为一个大家庭,谈何容易?每一个人生而平等,每一个生命拥有自由,什么时候才可以实现?

离开,为了新的开始

马睿可

Hello, it's me, I was wondering. If after all these years you'd like to meet to go over everything. They say that time's supposed to heal, yeah. But I ain't done much healing.

歌声响起,正如歌声所唱:"你好,你在吗?你在听吗?"正是这几句话引我深深思考:毕业是真的离开了吗?是的,你说现在有微信,有微博,我们随时可以聊天,如果我们想见面,可以随时视频。可是我们不能还像现在这样朝夕相处,相互熟知对方。我们可能和一些小学同学分到一个班,我们还可以像这样互相帮助,共同成长。可是很大的一部分其他同学都是从北京市这个"武林江湖""打打杀杀"过来的,他们很多都算是"常胜将军"了吧。我将和他们去厮杀吗?所以,我们还是要独自面对中学这"残酷社会"。

有谁能告诉我:剩下的两个月长吗?可能大多数人会说:"挺长的呀,有六十多天呢。"可是对我来说却是无比的短暂,因为还有六十多天我就要和同学们分别,和老师分别。

谁能告诉我,考试难忘吗?可能大部分人会说,考试不难忘啊!有那么多次哪!可是我此时觉得十分难忘,因为这几次考试可能是我和同学们最后几次在考场上正襟危坐等待作答。

又有谁能告诉我,分别痛苦吗?这一下答案肯定很集中:很痛苦,这次我的见解也和你们一样,这不是空话、套话,而是真话、实话。在一起六年,肯定彼此会有了感情,可是突然让我们融入一个新的世界里,谁恐怕也要伤心欲绝!

过一天少一天,不要让小学的电话挂断,我们要珍惜这宝贵的小学时光,因为如果我们浪费了,那浪费的将是一段价值不菲的流年。但是,离开了不要悲伤,人生难道不是一个开始接着另一个开始吗?所以,我们要整装待发,迎接中学这新的开始。

随　笔

梁时雨

最近,老妈很忙,早出晚归甚至早出不归,都是常有的事。有一天晚上我起夜,好像是凌晨两三点吧。路过客厅时,睡眼蒙眬的我瞥见老妈正伏在餐桌上打盹,面前笔记本电脑还亮着光,光打在老妈脸上,有点青绿的颜色。忽然,老妈醒了,发现第一眼看见的是我,吓了一跳:"儿子,这么晚你来干什么?""你在干什么呀?"我追根寻底反问道。"我在写论文啊。"老妈回应道。我忽然想起前段时间老妈宣布她要冲刺博士论文的事情了。

最近,家里老妈与老爸的位置似乎调换了一下:老妈时常要加班、出差,而老爸在家的时间却逐渐多了起来。当我向老爸说出这一点困惑时,他笑了:"老爸当年写博士论文时,也很辛苦哩。只不过老妈现在还要照顾你和小妹,所以就更辛苦了。"我恍然大悟:看上去老爸老妈似乎挺轻松,事实上他们所承受的压力可比我们所想象的要大多了!

"父母都这么努力,我们孩子怎能不努力!"想到寒假里老妈还在拼命写论文时,我诘问自己。仔细回想上个学期,我惊恐地发现:我对自己太好了。我告诉自己,我要努力了。在我写下这些文字时,我很高兴。我很高兴我已经开始做一件之前没严肃做过的事,那就是认真!认真地学习,认真地完成作业,以及认真地写完这段文字。总而言之,我要开始改变自己。这种感觉很奇妙,又令人兴奋。尽管我可能还是有点懒,不爱运动,学习也没有尽全力,但我已经开始朝着一个目标前进,那就是成为自己想要成为的人。虽然这些话听起来不太像我以往的风格,但绝对是肺腑之言。我想,我将迎来一个新的自己!

神

陈楚玥

人是弱小的,从氏族时期开始,人们就依靠着河流居住、生活。长江、黄河、雅鲁藏布江、黑龙江、塔里木河……但天有不测风云,暴雨、寒风、酷暑……这一系列的自然灾害打击着脆弱的生民,大家需要一个信仰,一个可以托付的依靠。这,才出现了神。

河伯,就是民众想出的黄河之神,至战国时代人们把各水系的河神统称"河伯"。当时楚国国境未达黄河,所祭的只是河神。在民间,也流传出了许多关于河伯的故事。

比如,河伯帮助大禹治水的故事:大禹治理黄河时有三件宝——一是河图;二是开山斧;三是避水剑。传说河图是黄河水神河伯授给大禹的,大禹得了黄河水情图,就根据图上的指点,终于治理好了黄河。

还有河伯抢玉:孔子的学生子羽带了一块白璧过黄河,河伯想把这东西弄到手,于是派遣阳侯去掀起大浪,又叫两条蛟龙去弄翻他的船。结果,子羽"左掺璧,右操剑,击蛟皆死",及至过了河,子羽鄙夷地将璧扔进河里,河伯面子上过不去,又将璧弹回子羽手上,子羽见状,将璧往石头上一扔,打个粉碎,甩着袖子就走掉了。

由此见得,可能大家对河伯是畏惧的,认为河伯生性残暴、贪婪。但在故事中,河伯也有人一样的心理活动。

也有许多人,利用大家对神的信仰,做出了许多丧尽天良的事。比如"河伯娶妻",就是一个典例。幸好西门豹不信神,否则还不知他们会不会做出什么更可怕的事来。

现在的社会,已经有很多人不信神了。大家认为,神是虚幻的。要闯出一片世界还要靠自己,求神、求佛,是没用的。顶多只能给自己一点心理上的安慰。而我早已信奉凡事只能靠自己的信条。

第八章　读后感

　　听别人的故事,写自己的答案。简言之,读后感就是在读过文字,听过音乐,看过电影等之后写下感触。读后感属应用文,好的读后感是"有体验、有见解、有感情、有新意"的。写读后感,其实就是阅读生活,留下印记,思考人生。

评改要点

(1) 引——围绕感点，引述材料

读后感重在"感"，而这个"感"是由特定的"读"生发的，"引"是"感"的落脚点，所谓"引"就是围绕感点，有的放矢地引用原文：材料精短的，可全文引述；材料长的，或摘录"引"发"感"的关键词、句，或概述引发"感"的要点。不管采用哪种方式引述，"引"都要简练、准确，有针对性。

(2) 议——分析材料，提炼感点

在引出"读"的内容后，要对"读"进行一番评析。既可就事论事对所"引"的内容作一番分析；也可以由现象到本质，由个别到一般地作一番挖掘；对寓意深的材料更要作一番分析，然后水到渠成地"亮"出自己的感点，感点要注意有自己独到的见解。

(3) 联——联系实际，纵横拓展

写读后感最忌的是就事论事和泛泛而谈。就事论事，感不能深入，文章就过于肤浅。泛泛而谈，往往使读后感缺乏针对性，不能给人以震撼。联，就是要紧密联系实际，既可以由此及彼地联系现实生活中相类似的现象，也可以由古及今联系现实生活中相反的种种问题；既可以从大处着眼，也可以从小处入手。当然在联系实际分析论证时，还要注意时时回扣或呼应"引"部，使"联"与"引""藕"断而"丝"连。

(4) 结——总结全文，升华感点

总结既可以回应前文，强调感点；也可以提出希望，发出号召。不管采用哪种方式结尾，都必须与前文贯通，浑然一体。读后感始终要受"读"的约束，开头要引"读"，中间还要不时地回扣"读"的内容，结尾更要恰当回扣"读"的内容，不放松。

评改实例

草稿篇 1

狗·猫·鼠

闫京轩

"看哪！狗不是仇猫的吗？鲁迅先生却承认自己是仇猫的，而他还说要打'落水狗'！"①

那时，写篇文章，一不小心惹上某些大角色，明天的报上就可能写上这类消息，那时局面很乱，每次写完文章后，得看好几遍才能发表出去。在那时，这种事往往出现在你最需要帮助的时候，用现在的话说就是：补刀。②

后面还说到了猫及它性情的不同：总是要折磨弱者，玩厌后再吃掉。反观历史：抗日战争中日本对中国俘虏，秦始皇，纳粹……③

它不是和狮虎同族的吗？却有这么一副媚态！

"人学会了，发明了语言，那自然是好，不然你就无法说话、写作、读书乃至玩了。可这样不免会说些奉承话，有人说：'发明语言是为了生存，现在都得讨好人家，不说怎行！'"

可语言是为了表达，表达的东西应真，所以偶尔要拍个马屁，但绝不是一味阿谀奉承！④

《狗·猫·鼠》可能是《朝花夕拾》里唯一一篇具有讽刺意义的文章了。而我认为在他所写的众多讽刺文章中，这篇讽得最深。

总评：作者以"狗不是仇猫的吗？"为开头，强烈地突出了自己对鲁迅先生看法的认同，起到了"凤头"的效果。后又通过"补刀"等时下流行词使文章中的观点更加鲜明。接下来又谈论关于语言应有表达的真实性，生动地将论点与现实结合，并举出例

① 直接引用文章中的句子，是因为读到此处颇有感触。

② 通过文章，表达自己对当时社会的多角度看法。还需将例子细致化描写。

③ 作者将古今历史完美结合，并论述。但内容偏少，还需丰富。

④ 作者通过犀利的语言，鲜明地阐述了自己的观点。还应加入一些具体事例，支持观点。

子，使文章更加饱满生动，起到了"猪肚"的效果。最后点明立场，称这篇文章是最具有讽刺意义的，大胆新颖，成为文章的点睛之笔，是名副其实的"豹尾"。

修改篇1

"狗·猫·鼠"读后感

闫京轩

"看哪！狗不是仇猫的吗？鲁迅先生却承认自己是仇猫的，而他还说要打'落水狗'"！

那时，写篇文章，一不小心惹上某些大角色，明天的报上就可能写上这类消息，那时局面很乱，每次写完文章后，得看好几遍才能发表出去。在那时，这种事往往出现在你最需要帮助的时候，用现在的话说就是：补刀。比如像海瑞这样的清官，立了好些仇敌，而当这些清官惹怒了皇上时，那些仇敌便会添油加醋。致使清官得不到好的结果。

后面还说到了猫性情的不同：总是要折磨弱者，玩厌后再吃掉。反观历史：抗日战争中日本对中国俘虏；秦始皇对民众；纳粹对犹太人……

它不是和狮虎同族的吗？却有这么一副媚态！

"人学会了，发明了语言，那自然是好，不然你就无法说话、写作、读书乃至玩了。可这样不免会说些奉承话，有人说：'发明语言是为了生存，现在都得讨好人家，不说怎行！'"而这又暗示了当时朝政的迂腐，体现出了鲁迅的耿直与对当时政府的不满，又可以从这里看出鲁迅的性格：敢于批评、耿直、明知自己会立下很多仇敌，却又去忍不住地讽刺……

可语言是为了表达，表达的东西应真，所以偶尔要拍个马屁,但绝不是一味地阿谀奉承!反观历史,那些重用只会阿谀奉承的大臣的王朝,大多很快灭亡了。而这就是我们的前车之鉴。

《狗·猫·鼠》可能是《朝花夕拾》里唯一一篇具有讽刺意义的文章了。而我认为在他所写的众多讽刺文章中,这篇讽得最深。

草稿篇 2

聆听关老师钢琴曲有感

庄奕楠

关老师演奏的这曲《少女的祈祷》既婉转又有些淡淡的忧伤。我非常喜欢这首曲子,一听这首曲子,便犹如身临其境,感觉自己在抒发内心深处的真谛和对美好未来的憧憬与期盼……但又总是有一种深藏在里面的一丝淡淡的哀伤,这种哀伤虽听起来是淡淡的,可待听完后,却总是漾荡在心头,总也擦不去。

《少女的祈祷》这首曲子由波兰女钢琴家巴达捷芙斯卡(1838—1861)创作于 1856 年,是举世皆知的钢琴小品。结构单纯、浅显淳朴、亲切感人,虽略带伤感,但又异常柔美,逼真地表现了一个纯洁少女的美好心愿。

关老师在演奏这首曲子时,开头是强有力的几组和弦,之后便立刻指尖一转,将整个曲子都融在一个晶莹的梦幻之中,开始诉说心事。在这讲述心事的过程中,少女的情绪与钢琴的旋律一样跌宕起伏,忽强忽弱、忽明忽暗。<u>前半段是较为欢快与轻盈的,我感觉就像被一些剔透、光亮的泡沫围在一起,又像是身着纯白色的芭蕾舞裙在湖畔翩翩起舞。而结尾则像做了一场梦一般,在半忧半欢中缓缓结束。</u>①

在乐曲结构上,它以抒情的方式描绘出音乐本身所代表的意境的美妙。前四小节的降 E 大调音阶简短而明朗,宛如教堂

---

① 作者的感知细腻,语言委婉动人,使荡漾在心头的琴声仿佛流淌出来,隐隐地绕在我们心间,温和而轻盈,欢快而明丽,使人体会到少女纯真的心境。

的钟声响起,令人眼前一亮,勾画出一座高大、庄严的教堂形象;紧接着的两个琶音作为引子后,便呈现出乐曲主题的五个变奏,温婉幽丽,色彩分明,时而欢快、时而忧伤,充分表达了少女的内心。②

在今天这样喧哗的世界里,真难得有这样一首纯洁清丽的曲子为人们洗涤早已麻木的心……③

总评:本文文笔清新,格调优美自然。使人身临其境,仿佛看到了一个少女的美好心境。通过想象、夸张、比喻、拟人等修辞手法,细致地描写了少女虔诚许愿的场景。由心传情,以文透景,表达了少女对生活的美好憧憬,以点醒人们早已麻木的心。但应再多写写实,这样才能使文章更加完整生动,使文章有血有肉,不单单只是骨架,多加一些自己的感受,体会乐曲的美好意境,更让人感受到少女虔诚祈祷的场景。

② 作者对音乐有着深入的了解,并在文字中加入了自己对乐曲独特的感受,将少女跌宕起伏的内心情感淋漓尽致地表达出来。

③ 作者聆听乐曲,绘出文章,希望人们改变自己,改变早已麻木的心。只是结尾太突然了,前文没有铺垫。

修改篇2

聆听关老师钢琴曲有感

庄奕楠

关老师演奏的这曲《少女的祈祷》既婉转又有些淡淡的忧伤。我非常喜欢这首曲子,一听这首曲子,便犹如身临其境,感觉自己在抒发内心深处的真谛和对美好未来的憧憬与期盼……但又总是有一种深藏在里面的一丝淡淡的哀伤,这种哀伤虽听起来是淡淡的,可待听完后,却总是漾荡在心头,挥之不去。

《少女的祈祷》这首曲子由波兰女钢琴家巴达捷芙斯卡(1838—1861)创作于1856年,是举世皆知的钢琴小品。结构单纯,浅显淳朴,亲切感人,虽略带伤感,但又异常柔美,逼真地表现了一个纯洁少女的美好心愿。

关老师在演奏这首曲子时,开头是强有力的几组和弦,之后便立刻指尖一转,将整个曲子都好似融在一个晶莹的梦幻之中,开始诉说心事。在这讲述心事的过程中,少女的情绪与钢琴的旋律一样跌宕起伏,忽强忽弱,忽明忽暗。前半段是较为欢快与轻盈的,我感觉就像被一些剔透、光亮的泡沫围在一起,又像是身着纯白色的芭蕾舞裙在湖畔翩翩起舞。而结尾则像做了一场梦一般,在半忧半欢中缓缓结束。

在乐曲结构上,它以抒情的方式描绘出音乐本身所代表的意境的美妙。前四小节的降 E 大调音阶简短而明朗,宛如教堂的钟声响起,令人眼前一亮,勾画出一座高大、庄严的教堂形象;紧接着的两个琶音为引子后便呈现出乐曲主题的五个变奏,温婉幽丽,色彩分明,时而欢快、时而忧伤,充分表达了少女的内心。耳朵打开,音乐流进心底。那么细腻、缠绵动人,似流水、似清风,温和而轻盈,欢快而明丽,一颗多么纯净的少女的心啊!

《少女的祈祷》虽是一首耳熟能详的曲子,但在今天这样喧哗的世界里,静下心来听,才发现它是多么难得的一首纯洁清丽的曲子,为人们洗涤早已蒙尘的麻木的心……

草稿篇 3

叶公好龙,邱女好猫

邱美延

听说了叶公好龙的故事,^① 我想:这叶公未免也太虚伪了吧!给我们上课的老师竟然说处处都有叶公!现在怎么会有那种人嘛!但我没想到,其实我也是一个"叶公"!事情就发生在昨天。

① 开门见山,以叶公好龙为全文段首,突出强调了作者对叶公好龙的理解,为后文故事做铺垫。

"哎呀,妈呀!作业写入迷了!还有5分钟跆拳道课就开始了!"②于是我换好道服,临走前还不忘看一眼放在窗台上的猫照片,那只猫笑眯眯地看着我,好像正在和我道别。"我最喜欢猫啦!"我话音刚落就飞奔出去了。一路上我以百米冲刺的速度跑过去,刚踏上两三级楼梯,前面突然有一团棕黄色的东西动了一下,我低头一看,"啊!!"一只猫!就像一只凶狠的小狼,一双眼睛直勾勾地看着我。③我吓得一哆嗦,脚下不稳,一个趔趄,险些从楼梯上摔下来,用惊恐的眼神看着那只猫,吓得心惊肉跳,"救……救命呀……"我用颤抖的声音想喊,但已经吓得说不出话了:"猫……"我突然想起临走前我说的"我最喜欢猫啦!"这句话,这分明就是叶公好龙!"我不喜欢猫啦!"我用我最大的声音去喊。④

② 为后文做铺垫,相互呼应,引读者联想,更添趣味性,使文章更加生动。关于描写我最喜欢猫还需更丰富,如家中有关猫的物件……

③ 此处运用细节描写,将小猫的动作神态刻画得令人不禁一抖。应更具体地写小猫的神态以及见到猫时的恐惧,如小猫的爪子、叫声等。

④ 作者的观念发生了巨大的反转,令这篇文章更具特色,使人回味无穷。但还需修改结尾,不会使整个文章的结束太过突兀。

总评:这是一个真实的故事,作者引用耳熟能详的"叶公好龙"的故事为引子,语气强烈,观点鲜明,与鲁迅先生的文章一样,有些自嘲的意味,这是很难能可贵的。我最喜欢猫,与我不惧怕猫的反差巨大,文笔幽默,引人发笑,却也引人深思,都说叶公好龙虚伪,可当自己遇到类似的事时,又是怎样的反应与心情呢?你也是叶公吗?这还需要我们细细思考。

修改篇 3

叶公好龙,邱女好猫

邱美延

听说了叶公好龙的故事,我想:这叶公未免也太虚伪了吧!给我们上课的老师竟然说处处都有叶公。现在怎么会有那种人嘛!但我没想到,其实我也是一个彻彻底底的"叶公"。

我从小就喜欢猫,家中关于猫的物品都能堆成小山了。小时候,我时常抚摸那些形态各异的小猫物件,爱不释手。

而昨天发生的这件事令我改变了对猫的态度。

"哎呀,妈呀,作业写入迷啦!还有 5 分钟跆拳道课就开始了。"于是我换好道服,临走前还不忘看一眼放在窗台上的猫照片,那只猫笑眯眯地看着我,好像正在和我道别。"我最喜欢猫啦!"说完我就飞奔出去了。

一路上我以百米冲刺的速度跑过去,刚踏上两三级楼梯,前面突然有一团棕黄色的东西动了一下,我低头一看,"啊!"一只猫!就像一只凶狠的小狼,一双眼直勾勾地看着我。猫叫着,叫声那么吓人,使我打了一个冷战。它抬起它锋利的爪子,仿佛要来抓我似的。

我吓得一哆嗦,脚下不稳,一个趔趄,险些从楼梯上摔下来,用惊恐的眼神看着那只猫,吓得心惊肉跳,"救……救命呀……"我用颤抖的声音想喊,但已经吓得说不出话了。"猫……"我突然想起临走前我说的"我最喜欢猫啦!"这句话,让我突然意识到我这分明就是叶公好龙,邱女好猫嘛!"我不再叶公好龙啦,我要努力做到不再惧怕猫!"我用我最大的声音去喊。再看那只小猫,它一转身,灰溜溜地走了。它仿佛也被我的决心击败了呢!但我又怎么能说我爱猫呢?可见我对猫的爱,只限于远观,可不是真爱。

草稿篇 4

三国演义读后感

周一琳

"天下大势分久必合,合久必分。"① 在这个纷纭的乱世,英雄才子、能人异士相继而出。在我看来,最著名的莫过于北魏曹操、西蜀卧龙和东吴周瑜了。

① 作者一开头就引用书中头一句话,列出本文主角,为后文论述打下基础。

三人的纷争结果大家都清楚,曹操胜了。但,曹操为什么能在与自己实力不相伯仲的人之间胜出呢?我认为,曹操赢在三个词——信任、培养、果断。

要说诸葛亮的失败,那必然是刘备身死,北伐失败了。刘备的死是因为他不听劝告,舍易取难,究其根本,还是他与诸葛亮之间不够信任,毕竟诸葛亮功高盖主,刘备有所提防也在所难免。而北伐的失败则是由街亭失守,朝内无可用人才,以及刘禅的不信任导致的。可见诸葛亮对待无用人时并不果断处决,以及以往并不加以培养自己的亲信,才会造成如此严重的后果。②

而周瑜的失败莫过于没有成功杀死诸葛亮了。鲁肃的告密是破坏周瑜计划,使诸葛亮逃过一劫的一大因素,也因此得出周瑜与部下并没有互相信任。再者,周瑜最初既然选择了帮刘备,就不应该在这么短的时间里再进行倒戈,两边都得罪了,多么可悲啊!没有坚定自己的立场,果断地选择阵营,结果就是悲催得最先被"炮灰"了。还有一大因素便是他极其自负,不能经受一点挫折,觉得自己全天下最棒,竟被诸葛亮活活气死了!而这也注定他不会招拢、培养人才,麾下没有大将,才导致了他的惨败。③

最后,再来说曹操,他有一句名言叫作"宁教我负天下人,休教天下人负我!"④他将自己的野心昭告四方,这何尝不是一种大胆果断的表现?他与任何人都没有建立绝对的信任,却能保证机密不被泄露,这与他果断,雷厉风行的作风有很大关系。他广纳贤士,不问出身,使各路豪杰皆投奔于他的麾下,并加以培养,不断壮大自己的实力,秉着"天生我才必有用"的信念,这也是许多人听他号召的原因。当一个人不信任任何一个人的时候,也就不会存在所谓的背叛了。

由此看来,曹操的成功绝非偶然,别人有的,他有;别人没有的,他还有。加之魏国本身就是大国,因此,他赢得实至名归,我

② 作者的观点有根有据,理由充分,从根本问题出发,分析具体,直达问题重点。但对于诸葛亮的分析还有待继续思考,结合"挥泪斩马谡"事件,继续研究。

③ 本段对周瑜的论述很不错,从立场和自负两方面论述,充分描述了周瑜的小肚量和像小娃娃一样的心态等失败的原因。

④ 曹操的野心在文字中充分显露出来,一句"宁教我负天下人,休教天下人负我"把曹操的霸气、可怕体现得淋漓尽致。与前面的周瑜、刘备、诸葛亮形成很大的对比。

⑤ 曹操成功的原因,作者都一一列出,较完整。那么,世人评价曹操为"奸雄",你怎么看?在结尾是不是可以讨论一番。

十分敬佩他。⑤

总评:结构紧凑,是整篇文章的一大特点。文笔犀利,简单明了地阐述了诸葛亮、周瑜的失败,以及曹操的成功。作者能很好地从《三国演义》中提取事例和信息,是《三国演义》读后感写好的一大要点。在这儿,作者还需要分析事例。比如:在"诸葛亮三气周瑜"中,我们从周瑜的一举一动上就能看出他还是一个"小孩子",不能允许任何人比他好。将死时,还说:"既生瑜,何生亮!"他还没醒悟呢! 写好读后感,就需要去品,如喝茶一般。

修改篇4

"小女子论三国"系列之一

周一琳

"天下大势分久必合,合久必分。"在这个纷纭的乱世,英雄才子、能人异士相继而出,在我看来,最著名的莫过于北魏曹操、西蜀卧龙和东吴周瑜了。

三人的纷争结果大家都清楚,是曹操胜了。但,曹操为什么能在与自己实力不相伯仲的人之间胜出呢? 我认为,曹操赢在三个词——信任、培养、果断。

要说诸葛亮的失败,那必然是刘备身死,北伐失败了。刘备的死是因为他不听劝告,舍易取难,究其根本,还是他与诸葛亮之间不够信任,毕竟诸葛亮功高盖主,刘备有所提防也在所难免。而北伐的失败则是由街亭失守,朝内无可用人才,以及刘禅的不信任导致的。可见,一是诸葛亮在无人能用的情况下并没有做到果断行事,而且以往并没有加以培养自己的亲信,才会造成如此严重的后果。

而周瑜的失败莫过于没有成功杀死诸葛亮了。鲁肃的告密是破坏周瑜计划,使诸葛亮逃过一劫的一大因素,也因此得出周瑜与部下并没有互相信任。再者,周瑜最初既然选择了帮刘备,就不应该在这么短的时间里再倒戈,两边都得罪了,多么可悲啊!没有坚定自己的立场,果断地选择阵营,结果就最先被"炮灰"了,结局悲惨。还有一大因素便是他极其自负,不能经受一点挫折,觉得自己全天下最棒,竟被诸葛亮活活气死了!以他的狭小心怀来看,又岂能容得下谁比他强呢?所以,他不会招拢、培养人才,麾下没有大将,才导致了他的惨败。

最后,再来说曹操,他有一句名言叫作"宁教我负天下人,休教天下人负我!"他将自己的野心昭告四方,这何尝不是一种大胆果断的表现?他与任何人都没有建立绝对的信任,却能保证机密不被泄露,这与他果断,雷厉风行的作风有很大关系。他广纳贤士,不问出身,使各路豪杰皆投奔于他的麾下,并加以培养,不断壮大自己的实力,秉着"天生我才必有用"的信念,这也是许多人听他号召的原因。当一个人不信任任何一个人的时候,也就不会存在所谓的背叛了,也就没有"伤心"一说了。刘备会伤心,周瑜会伤心,曹操不会伤心。

由此看来,曹操的成功绝非偶然,别人有的,他有;别人没有的,他还有。加之魏国本身就是大国,因此,他赢的结局,实至名归,我十分敬佩他。

世人皆说曹操乃奸雄,我却认为不然。后汉书有云:君清平之奸贼,乱世之英雄。就恰好说出曹操不是奸雄。有人评价他杀人如麻,可一切的胜利都是由鲜血来祭奠的,没有代价,哪儿来的后来的曹魏政权?哪儿来的魏国以后的强大?可以说,曹操杀的人与救的人是成正比的,但他终究还是害了不少人。因此,曹操虽获得最后成功,但我并不认为他是英雄,我认为,他既不是英雄,也不是奸雄。

草稿篇 5

改变·付出·成长

王欣怡

昨天晚上，我和家人一起看《跨界喜剧王》。①望见我所熟悉的歌手、演员来到这个舞台上演喜剧，我真的很想看看他们到底会演成什么样！

不出我所料，他们演得真的很好，令人捧腹大笑，可这笑声又让我深思，比如：孙楠演的夜市小贩和一个助演演的穷商人，在互相的帮助下将穷商人的面子找了回来。我深深地记得横幅上的一句话："你要谢就谢它吧！""感动夜市第一人，大连你楠哥！"世界上有那么多好心人，你是其中一个吗？

周杰说的相声中，他讲述自己来这儿的遭遇，讽刺了那些多管闲事、颠倒黑白、不明辨是非的人。②

在李玉刚演的小品中，一个叫小玉子（李玉刚）的假贵妃，让真贵妃得到安全，自己却命丧黄泉，极力赞扬了这种大无畏的精神。这个剧给予我最深的印象，是因为它的结尾感人，演员的表演具有极大的情感感染力，舞台整个效果也对剧情有非常大的渲染，让观众沉迷于其中。最后，李玉刚获得了"跨界喜剧王"的称号。

他们演得是那样好，可谁曾细细想到，他们的这些都是用汗水、精力和时间换来的。他们曾有多少个不眠之夜，有可能一天一夜不休息；他们也可能废寝忘食，一天一天地不吃饭。他们只想把欢乐带给大家。③

谁又想过幕后的工作人员呢？大幕的每一次升起、落下，每一束灯光都由他们控制。人们只关心台上的表演是否精彩，而

---

① 直入主题，设疑引趣，但还应稍稍点一下题。

② 三个不同的小品，三种相同的感受，情感真挚，引人深思。可以再丰富一点周杰的相声，使人更加身临其境，感同身受。

③ 是啊，我们只看到了浮华的表面，却又可曾想过那浮华背后的艰辛。生活中的许多人也是这样的，我们是否能看到他们的辛酸，以客观的视角来看待别人？

谁又能看穿幕布,看见他们忙碌的背影呢?

一个小品,后面就包含了那么多的辛酸,两个呢? 五个呢? 又有多少人有苦衷无处诉说啊! 在城市中奔波的人们,我们能感受到吗?④

总评:本文文笔风趣幽默,将自己的看法融入到一个个小品当中,使小品更添趣味,并且暗含深意,起到了画龙点睛、锦上添花的效果。但精彩的表演背后总是有不为人知的艰辛、日夜苦练的刻苦,再联想到城市中奔波的人们,与生活实际结合,完美收尾,使整篇文章紧密串联在了一起。但题目为《改变·付出·成长》,是否因在首尾多点一下题,在串联一些自己的故事以及感受,毕竟只有自己经历过才会有独特的感受。

④ 作者最后抛出一个问题给大家,使人联想到自己,联想到他人,他们在这偌大的城市中辛勤奔波,我们是否偶尔也应略施帮助呢? 不过,可以在结尾再呼吁一下题目,并且再写写看完之后的感受,以及受到的启发和后来发生的改变。

修改篇 5

改变·付出·成长

王欣怡

昨天晚上,我和家人一起看《跨界喜剧王》。望见我所熟悉的歌手、演员来到这个舞台上演喜剧,我真的很想看看他们到底会演成什么样!

不出我所料,他们演得真的很好,令人捧腹大笑,可这笑声又让我深思,比如:孙楠演的夜市小贩和一个助演演的穷商人,在互相帮助下将穷商人的面子找了回来。我深深地记得横幅上的一句话:"你要谢就谢它吧!""感动夜市第一人,大连你楠哥!"世界上有那么多好心人,你是其中一个吗?

周杰说的相声中,他讲述自己来这儿的遭遇,他模仿来自各地的乘客说话,那方言的流利程度不亚于那些"本地人"。不仅种类很多,而且有男、有女、有大妈、有青年,不仅风趣,还讽刺了那些多管闲事，颠倒黑白，不明辨是非的人。

在李玉刚演的小品中，一个叫小玉子（李玉刚）的假贵妃，让真贵妃得到安全，自己却命丧黄泉。它极力赞扬了这种大无畏的精神。这个剧给予我最深的印象，是因为它的结尾感人，演员的表演具有极大的情感感染力，舞台整个效果也对剧情有非常大的渲染，让观众沉迷于其中。最后，李玉刚获得了"跨界喜剧王"的称号。

他们演得是那样好，可谁曾细细想到，他们的这些都是用汗水、精力和时间换来的。他们曾有多少个不眠之夜，有可能一天一夜不休息；他们也可能废寝忘食，一天一天地不吃饭。他们只想把欢乐带给大家。

谁又想过幕后的工作人员呢？大幕的每一次升起、落下，每一束灯光都由他们控制。人们只关心台上的表演是否精彩，而谁又能看穿幕布，看见他们忙碌的背影呢？

一个小品，后面就包含了那么多的辛酸，两个呢？五个呢？又有多少人有苦衷无处诉说啊！在城市中奔波的人们，我们能感受到吗？

三个"跨界"的小品，三个演员带来的欢乐，不仅让他们得到成长，更让我们得到成长，让我们也可以得到跨界的感受！

佳作欣赏

读《鹿鼎记》有感

张济楷

有人说,小孩子不要看武侠小说,看多了容易丧志。作为一个小孩子,我却并不同意。前几天,我从爸爸妈妈的藏书中发现了一套六本的《鹿鼎记》,看样子尘封已久。起初,我偷偷地摸出一本来看,似乎爸爸妈妈对此没有什么意见,于是就光明正大地看起来了。读完后,我发现这并不是大人们口中引人"入邪"的闲书,里面的主人公——"韦小宝"特别有意思,引人深思。

韦小宝出生在当时东南形胜的繁华之地——扬州的一家妓院中,随母姓"韦",身份不可谓不卑微。他对"赌博""骂人"两项颇为精通,默默地在妓院里长大,除了妈妈几乎没有人关注他。如果这时被人评价,那绝对是"浪荡子"三个字的代言人。后来偶遇江湖大盗茅十八,即开始了他跌宕起伏的冒险,比《汤姆·索亚历险记》《哈克贝利·芬历险记》两部小说加一块还要惊险和精彩。他帮助茅十八逃脱了鞑靼的搜捕,此举纯为义气使然,所以说小宝性格当中有一股纯粹的豪气,是"仗义每逢屠狗辈"的最佳写照,也是我最喜欢韦小宝的地方。

因为性格中的这股豪气加上小男孩的顽劣本性,韦小宝混进皇宫,冒充"小桂子",与小皇帝结为好友。但又误打误撞地加入了反清复明的组织——"天地会",并拜当时第一大高手陈近南为师。但与金庸笔下其他主人公不一样,小宝不但不痴迷被视为英雄的重要标识——武功,能偷懒就偷懒,对师父也是蒙一时算一时,一旦被逮住考校武功,就像被老师抓住没写作业的同学一样,每每看到这里,我都很同情小宝,就像同情我自己一样。

但也为永远无法指望小宝逆袭为武林高手感到一点遗憾,小宝难道要成为金老爷子笔下唯一不是英雄的一位主人公吗?

韦小宝遇到了被称为国姓爷,郑成功的孙子——郑克爽。郑克爽出身名门,是韦小宝的天敌,但因为韦小宝在天地会中香主的身份使得他一直对郑克爽不得无礼。在小说中,与出身卑微的韦小宝相比,郑克爽空有身份,为人卑鄙,后来用计害死了韦小宝的师父——陈近南。古人云:英雄莫问出处,诚不欺我耶。

在小说的最后,韦小宝被夹击在他的好朋友和老朋友——康熙皇帝和天地会之间左右为难。天地会要反清复明,杀了皇帝,而皇帝不但是韦小宝的好朋友,也是一个"鸟生鱼汤"的好皇帝;皇帝要小宝灭了天地会,天地会的一众不但是小宝的老哥们,而且也是一帮豪气云天的大英雄,我最后都很为韦小宝为难,世上安得双全法呢?一向不以英雄自居的韦小宝干脆来个远走高飞,遁入空山自在人。

韦小宝到底是不是英雄呢?虽然他的功夫十分马马虎虎,最后的选择也是一走了之,与人对决的手段十分不入流,但我还是认为他是一位当之无愧的英雄——他有胆量,有担当。不是所有的英雄都长着一副面孔,像郑克爽那样翩翩白衣少年郎,任何人,无论是名门之后或者市井之人,只要有一颗英雄的心都可以成为英雄。

《城南旧事》读后感

吕济舟

每个人的童年都是不同的,有悲欢离合,充满着喜怒哀乐。在《城南旧事》这本书中,讲述了作者林海音(英子)童年时代在北京城南居住时发生的故事。

英子一家从一座小岛上搬到了北京城南,在那里她见到了一个被人们称为"疯子"的秀贞,虽然家人禁止她去找秀贞,但英子还是跟她做了朋友,并得知她有失散的女儿。英子还有一个好朋友叫妞儿,她们经常一起玩儿,有一次,她和妞儿一起玩儿的时候,妞儿告诉她,在父母的对话中发现自己不是他们亲生的。英子觉得妞儿和秀贞可能是母女,后来,她发现妞儿和秀贞一样脖子上都有青记,于是,英子带着妞儿去见了秀贞,母女终于相认了,虽然最终秀贞带着妞儿一起离开了这里,但她却被人们误解为拐走了妞儿。

一天下午,英子找球时在草丛里遇见了一个陌生男子,英子一开始被他表面的善良给蒙蔽了,后来她才发现她被陌生男子给骗了,其实那个男子是一个可恶的小偷。

最后,德先叔和兰姨娘一起去了上海,宋妈跟着丈夫回老家了,连她最爱的爸爸也因为得了癌症永远地离开了她。英子在童年里经历了相遇与离别、欢笑与痛苦,在这过程中她也从一个想分辨出海和天、想知道好人长什么样、坏人长什么样的小女孩渐渐变成了一个支撑着整个家庭,有困难也要硬着头皮去闯的少年。

虽然身边的这些人相继离英子而去,但他们仍活在英子的心里。每多了一次失去,她的内心就多了一次感悟。在我们的生活中也有这样的事,虽然我们现在也许还没有意识到,但那些失去早已化作领悟埋藏在了我们的心底。

正所谓"不经一番寒彻骨,哪得梅花扑鼻香"。如果人的生活仅仅是一帆风顺,没有坎坷,人也不过只是年龄变大了,每一天都是一样的,整个人生都在重复着同一天,这样的成长就是没有意义的,不过是在浪费光阴而已。

《阿长与〈山海经〉》读后感

吴继平

鲁迅写道"仁厚黑暗的地母呵,愿在你怀里永安她的魂灵!"当我读到这里,耳边恍惚想起了《送别》曲——"长亭外,古道边,芳草碧连天,问君此去几时来,来时莫徘徊,天之涯,地之角,知交半零落,人生难得是欢聚,唯有离别多。"伴随着声声骊歌,阿长的去世使我心情低落。

回想以前,阿长对鲁迅的一些奇怪的要求,当时觉得烦恼。但现在我想,这可能是对小时候鲁迅的一种关心吧! 小时候的鲁迅对长妈妈有意见,但从大人的角度来看,难道这不也是希望鲁迅能有好习惯吗?我们小的时候不也是喊着哭着要那个棒棒糖,那个气球,那把枪……大人们百般哄我们,继而生气说我们,我们一句话也不听。作为大人,他们又是多么着急呢?

记得有一次,我和妈妈一起去吃火锅,妈妈说我们要一份羊肉就够了。

"不,我要两份!"

"我们吃不了,到时候就浪费了!"

"不,我就要两份!"

于是,我们点了两份,最后,真像我妈妈预料的那样,羊肉确实是浪费了。这都是我们小的时候干过的"傻"事。但我们现在长大了,要为父母着想了。如果站在父母的角度思考问题,我们小的时候说什么也不听,就在父母难过的时候,我们作为小孩,不也应该安慰一下父母吗?俗话说得好:不养儿,不知父母恩。真正领悟到了话中真理的人又有几个呢?《阿长与〈山海经〉》用淡淡的文字,描绘了孩子与大人之间矛盾的心情,这也是我最感慨的地方。

《三体》读后感

吕济舟

《三体》是一部科幻小说,但它又不局限于科幻。它从多个人物的角度、多个时间点陈述了《三体》入侵这件事以及他们和当代人对这件事的看法。

《三体》之"地球往事"采取的是插叙叙述手法。整个第一册可分为四个部分,分别是王淼的遭遇、叶文洁的回忆、"三体"游戏,以及来自"三体"星球的信息。这四个部分在整本书中互相穿插,有着各自不同的时间线和故事线,却又环环相扣、缺一不可。

整个事件从叶文洁所在的"红岸"基地向茫茫宇宙发送了来自地球的信开始。这也是书中人类对自己的信心的第一次体现。小说中,以光速计算速度,以光年计算距离,以亿年计算时间,使人深深感受到自己的渺小。

当"三体"入侵被印证,地球陷入了恐慌。而从"三体"星球飞过来的"智子"扰乱了粒子对撞机,封锁了人类的物理发展。不仅如此,智子还无时无刻不监视人类,所有的作战计划都无法保密。由此催生出了"面壁计划"。即,将地球的所有资源都集中在少数人身上,他们便是"面壁者",罗便是其中之一。罗在巨大的压力下运用"黑森林效应"震慑住了"三体"人,保护地球免受侵害。之后又作为"执剑人"独自保护了地球几十年,被人们奉为神灵。但最终他却被控诉因多年前的一次试验暴露了一个星系的位置,可能导致毁灭了一个文明。这里,把人性体现得淋漓尽致。需要你时,可能客客气气地尊敬你,一旦你不再起作用便形同陌路。

但就在下一任执剑人程心的交接式刚结束时,来自"三体"

的攻击便开始了。还没有做好心理准备的她,最终没有按下那个会毁灭两个星系的按钮。所有的信号发射站全部被摧毁,地球对"三体"的黑森林效应消失了,人类再次陷入绝望。

就在"三体"要求人类全部移民至澳大利亚时,情况发生了一百八十度大逆转。一艘远在太空、已经被人类抛弃的战舰上搭载着最后一台引力波发射器。船员将"三体"和地球的相对位置发射了出去,他们拯救了地球。

虽然地球免遭"三体"的入侵,但还是避免不了被毁灭的命运。唯一的办法便是以光速飞行离开太阳系,或降低光速使太阳系隐身。但这又引发了一个问题,一个没有答案的问题——谁能活下去。谁能活下去,谁有权力活下去,为什么有权利活下去,无数个问题在所有人的头脑里徘徊着,而这个问题终究没有答案。因此最后的希望——曲率发动机也被否决了。

最终的攻击终于到了,太阳系被从三维转化成了二维,只有程心和关一帆乘坐第一台也是最后一台安装了曲率发动机的飞船逃离了攻击,与智子作为人类与"三体"的最后希望在宇宙中漂泊。

《三体》这本书情节一波三折,对人性的刻画淋漓尽致,无论是人们的绝望、惊讶、恐惧、自大、善良,还是对未来的希望、理想,这使它不是一本简单的科幻小说,而这也正是它的魅力所在。

美国太平洋舰队和日本联合舰队

唐凯文

最近,我看了一些"二战"的纪录片,主要是关于美国和日本海上战斗的。所以,我就想议一议美军为什么成功,日本为什么失败。

一开始,日军集结了 8 艘航空母舰和其他 200 艘舰艇、600

多架飞机，占有绝对优势，想在中途岛一举歼灭美军。可尼米兹将军却冷静应对，破译了日军电码，掌握了整个战局。最后用妙计击沉了日军四艘航母，取得了胜利。如何评价日军的野心勃勃和不自量力呢？日军一个小小的岛国，能有如此多的航空母舰、舰艇和飞机，花费了国库里多少的银子啊！可见，它们获胜的动机有多强。而对方的尼米兹将军冷静应对，更衬托出日军的自以为是，不自量力。

在这次战役之后，日本精锐飞行员损耗殆尽。于是，日本就开始了"神风特工队"的行动，说白了就是"自杀式飞机"，让日本飞行员驾驶战机撞向美军舰艇。可即便如此，瓜岛还是让美军占领了。如何评价日军的不顾一切，又或者说是惨无人道呢？为取得战争的胜利，连自杀的方式都能用上，连战士的生命都在所不惜，这就是不择手段和惨绝人寰。

美军在占领瓜岛后又在马里亚纳海峡与日军展开了战斗——马里亚纳海空战。可让美军没想到的是，日本飞机居然如此不堪一击，飞行员水平居然如此之差。虽然飞机数量相同，可最后日本几乎全军覆没，而美国几乎没有损失。正因为天空中全是爆炸的日本飞机，有一位美军飞行员从麦克风说道："这真像古代猎火鸡啊！"所以，马里亚纳海空战也叫马里亚纳"猎火鸡"，美军获得大胜。

最后，日本又在史上最大的海战——"莱特湾海战"上失败了。从此日本基本上没有海军了，而美国成了太平洋的主宰。

看似军力较弱的美国，如果将工业全部投入战争，那就非常可怕。日本就是因为疏忽了这一点，在"中途岛战役"中大意了，使美国有了喘息的机会，大量生产飞机、舰艇，导致日军回天无力，最后失败。当然，最大的问题还在于日军不把人当作人看待，我想，驾驶战斗机去赴死的战士，内心也许早已失去了胜利的欲望了吧！

《童年》读后感

任天昊

看完《童年》这本书,我有很多的收获。

《童年》讲的是高尔基的童年生活。

三岁时阿廖沙的父亲病死了,母亲带着他去了外祖父家生活。外祖父非常的凶,有一次,因为阿廖沙好奇,把雪白的餐桌布染成了蓝色,遭到外祖父的一顿毒打。那个时代小孩犯了错误就狠狠地打,但是现在可不行了,家长还是要心平气和地跟孩子讲道理,不要轻易地打孩子。要让孩子去探索未知的世界,不要随意地阻碍孩子的好奇心。

在外祖父家,阿廖沙经常被外祖父打,但之后外祖父还是照看、陪伴阿廖沙,可见外祖父还是严中有爱。外祖母对阿廖沙非常慈爱,对他的呵护胜似母亲的爱。阿廖沙还是挺幸福的。

阿廖沙生活的时代被沙俄统治着,那时的人们吃不饱、穿不暖,士兵们还抓年轻的人去当兵,还屠杀老百姓、抢老百姓的钱。经常会有偷东西、抢劫、杀人的事情发生。阿廖沙积极面对现实生活,毫不惧怕、勇往直前。阿廖沙是一个善良、坚强、乐观,对任何人都很坦诚的人。他生活在令人窒息的黑暗的天地,可是,悲惨黯淡的童年并没有让他就此沉沦,反而激发了他的斗志,让他在成长的道路上披荆斩棘,最终成为了一个优秀的人。

我要学习阿廖沙的优点,遇到困难不放弃,不被困难击败,不抱怨任何事情,现在我们生活的时代多好呀,能吃饱,还能去国外旅游。哪有理由不好好学习,更上层楼呢!

杨子民作文读后有感

闫京轩

为了提高大家的作文水平,老师让我们每天写日记,写的好的文章会发在我们班的公众号中,其中有一篇就是杨子民的作文——维度。

他认为二维是三维的投影,三维是四维的投影,而无限维的投影则是无限减一维,而一维的投影则是无限维。可是无限维到底是几维?我认为无限只不过是一个概念,不应该算是一个数字,它只不过是一个人们对于一个极大数字的称呼罢了。

再者,如果真的像杨子民说的,二维是三维的投影,那么在二维世界中就应该有另一个我们。而他们则与我们的一举一动完全一样。并且,按理说三维世界的人能够把二维世界的人看得通通透透;二维世界的人又能把一维空间的人看得通通透透。可见每一维人都可以把他们那一维以下的人看得通通透透。可是按照杨子民的说法,一维的投影是无限维,那么,一维人就可以把无限维的人看得通通透透,那么,一维人就可以把所有维人都看得通通透透,而这与之前的预设相矛盾,是不可能的。

并且,按照杨子民的说法,所有维度就成了一个闭环。那么,哪一个维度才是真正的投影源呢?而在那个投影源被创造出来之前,世界又是什么样子的呢?

总而言之,我对杨子民的这一篇文章存在诸多质疑,但我也还是挺欣赏他的,他的想象能力和推理能力很强。关于维度的问题,也许已超出了很多人的认知范围了罢。

《古希腊神话》读后感

梁时雨

　　世界上，曾经有着派别各异、种类繁多的宗教，比如佛教、道教、基督教、天主教、犹太教……尤其是在文明诞生后不久，初步形成"国"的时候，每个"国"都有着自己信奉的神，并且大多数"国"的人都只信仰一个或少数几个神，神的地位全部都是至高无上的。而我今天想说的，则是一个信仰12个神的特别的"国"——希腊！更加热闹的是，这12个神全都住在希腊最高的山——奥林匹斯山上。

　　用句时髦的话说，希腊人的信仰是很接地气的。为什么呢？你只要仔细研究一番，就会发现：奥林匹斯山上的诸神不是那么高高在上的零瑕疵的神，也不是传统意义上的道德模范。它们是矛盾的综合体，既拥有人类所没有的超能力，更像普通人一样有着这样那样的缺点，真实而可爱。

　　举个例子吧。赫拉是宙斯的妻子，气质高雅，容颜美丽，但嫉妒心极强；海神波塞冬既能瞬间掀起狂风巨浪，也能瞬间让世界恢复风平浪静，只可惜他性格凶残暴躁；战神阿瑞斯更是为战争而生，因为他只有在发生战争的时候才会感到快乐，怪不得人们提到他就会胆战心惊；智慧女神雅典娜是宙斯的女儿，完美如她，可还是有点小心眼的，不愿别人比她强；另外，不是所有神都是一表人才，宙斯的儿子——赫菲斯托斯就是个例外，他长相奇丑，还是个瘸子。

　　聊了这么多，聪明的你一定明白了为什么希腊文明会影响整个地球，因为奥林匹斯山上的诸神就是我们人类社会的缩影啊！

坚强与感恩

庄奕楠

在我们六年级的成志修远主题课程中，有幸请到了清华大学计算机系的学生矣晓沅哥哥，他为我们带来了一次受益匪浅的演讲。

在开讲前，我以为这个哥哥肯定也和以往来演讲的人一个模样，大部分都是高个子，戴着眼镜，在我们面前摆出一副大学者的模样，然后滔滔不绝地讲着各种各样深奥的道理。

但是，矣晓沅哥哥出人意料，他的演讲，也完全出乎我的预料。

他来得有些迟，我们等着焦急，开始小声聊起来，以至于都完全没有注意到他。我们看见侧门开了，一个中年妇女推着一辆轮椅，轻轻地走了进来。当几名同学把他推到台上时，场内瞬间安静了，无数双眼睛好像聚光灯般紧紧盯着他——他是一个残疾人。

我也一样看着他，这个哥哥坐在轮椅上，由于身体原因，他的头只能僵直的扭着，我的同情从心间涌了出来。他的眼睛很小，眉毛出奇的淡，嘴稍有些大，身体也比较清瘦。我不由得想，该不是来错人了吧！这样有些残疾的人也能上清华？还能得奖学金？我们普通人一般都只能看到他考上清华的荣耀，却不知他背后的故事……

在他开始演讲之前，老师准备帮他坐到正常的椅子上，拿着手持话筒为大家演讲，第一步很快成功了，可当老师递来话筒时，他却轻轻地摇摇头！我很惊讶，他为何宁愿佩戴"小蜜蜂"而拒绝拿话筒！这个悬疑在他开讲之后解开了。

在他介绍完自己后，同学们都立刻投去羡慕、赞许的目光，但又马上变得不解起来。我知道，大家也一定在想，他为什么是残疾呢？这位哥哥仿佛看透了我们的心思，便缓缓地说："我像你们这么大的时候，得了一种病，其难以治疗的程度在医学界被称为'不死的癌症'。"在他得病之后，开始是不能走动，只能坐着，这一坐就是28年！"然而，我的身体还在萎缩，我的手连话筒都拿不住。"听到这儿，我才明白，他，为何不拿话筒。

他还说，自己有五个梦想：一是站起来；二是成为一名优秀的辩手；三是走遍中国；四是让别人承认自己；五是学习优秀。他通过自己的不懈和坚持，常常怀着一颗感恩的心，终于完成了五大梦想中的四个。他坦言自己不聪明，中学成绩也不太好，但是反反复复的练习，终于考上了清华。

他的经历，他的故事，他的行为都深深地印在我心中，如果这世界上真有奇迹，那就是"努力"和"坚持"的另外一个名字。正如冰心奶奶曾说的一句话——"成功的花，人们只惊羡她现时的明艳！然而当初她的芽儿浸透了奋斗的泪泉，洒遍了牺牲的血雨。"

温暖"2016"

庄奕楠

"那片笑声让我想起，我的那些花，在我生命每个角落静静为我开着……"

这次的艺术人生——温暖"2016"节目中的嘉宾并不是什么很了不起的大名鼎鼎的演员或歌手，许多人甚至都不知她姓名和事迹，我也是如此。听完主持人朱军叔叔的介绍，我才明白，央视究竟为什么要请她来，那么，她是谁呢？

她就是江一燕，年仅十六岁便出道当演员。出演《南京,南京！》《星光电影院》《用爱呼吸》等电影。在《那些花儿》的歌声中，江一燕来到了舞台上。她心中的那些花儿，就是小嘎牙村的那些孩子们，那些孩子们很穷，没有钱上学，整个村庄几乎没有一户富裕点的家庭。而且他们的家中至少有四五个孩子，父母都远离他们在外地打工，经常连过年时都难相见……江一燕因拍摄电影无意间穿过这个村，便同情起这些年幼的孩子们。在取景拍摄完毕后，她询问了那些孩子们的情况，孩子们的回答深深刺痛了她的心。她决定自己无论再忙，也要每年去看望他们一次，让孩子们有爱的温暖。

　　江一燕只因孩子们的一句："小江老师，您就像我们的母亲一样！"和自己当年的一句承诺，便一年一年坚持下来，这一坚持，就是九年！在记者采访她时，她说："我选择做支教老师是因为我遇到过几位恩师，给我留下很多温暖的回忆，我想把这种爱传递下去。"她的毅力与善良深深打动了我。"赠人玫瑰，手留余香"，她的这种行为也感动了那些孩子们，她还说："孩子们能把我的行为记在心里，等他们长大后，就会去帮助别人，如果孩子们能够如此，这就是给我最大的回报。"

　　"它们已经被风吹走，散落在远方。"这样的爱与精神，会传播到每个角落，浸入每个人心中，让每个人心中都有着属于自己的爱的花海！

后记——

惟 有 感 恩

感恩清华大学附属小学,我们共同的学校,它是一个应有尽有、无所不有的生态田园,它的每个角落都能长出故事来,这里也将成为我、学生们、家长们记忆的家园。因为这所百年老校,连着主题教学,连着学生,连着学生背后的家长,连着我。

在这里,我与小学语文主题教学相遇,这是教给学生"一副好口才""一手好汉字""一篇好文章"的主题教学。我浸润在主题教学中,在专业成长上获得洗礼,获得滋养。关于这本书里的每一点思想或策略,都直接或间接来源于主题教学,来自于主题作文。尤其值得一提的是窦桂梅校长,她总和老师们在一起,和孩子们在一起。课堂上,她入木三分地指出我的问题,鼓励我不断进步,让儿童站立在课堂的正中央。课下,哪一个孩子有了新作,拿去给她看,她都会热情地鼓励一番,并变戏法似的给孩子一块糖、一支笔,一个小玩意。她是老师教写作的向导,更是孩子们学习写作的精神力量。

在这里,我与2011级四班孩子们的相遇,走向一条写作的共学之路。我们从最初的遣词造句、看图写话,到后来的写段落、写篇章,经历了一个从不喜欢,到坚持,到突破和最后享受的过程,写作为儿童未来的生活打开了另一个通道。几乎每一个同学都拿起笔就能写,还有一些孩子出版或印刷了自己的文集,如庄奕楠的《丁香树下的童年》散文集,李嘉华的《昆虫记》观察日记,梁时雨的《蜕变集》,孟庆杰的《拜访身边的科学家》采访实录等。还有很多孩子,虽然没有印出个人文集,但是他们每一年都将自己写下的文章收录起来,或者将作文本、日记本收藏起来，也形成自己的生命记录。孩子们这般洁白、清澈、无邪的笔调，是多么宝贵。也许，他们还不精通于布局谋篇、起承转合，可谁能说这不是作家最初的"咿呀"，不是作家最后的朴素呢？也许，未来生活会教他们行色匆匆，无法静淡。但，孩子们，请记住，用心写，为心写。

在这里，我与孩子们背后的家长们相遇，他们成为教育的千军万马。他们总是在不断地支持我，鼓励我，也督促着我。他们之间也如是，互相支持、鼓励、督促。正因为这样一个同盟军的存在，我们的每天一篇日记坚持写下来了，这本薄薄的书也梳理出来了。尤其值得一提的是吕济舟妈妈，我们的总编辑纪海虹女士，她首先发现并欣赏我们的日记和习作，惊讶于自己儿子的细腻与善写。她和一直在班级公众号上推送孩子们日记的孟庆杰妈妈心意相通，决定要将孩子们的这些文章出版出来。这其中还要感谢邱美延爸爸，他为这本书提出了宝贵的建议，还亲手修改了"状物篇"。总之，感谢家长们促成了这本书，它既是对习作教学评改文章的一个阶段性梳理，也是送给毕业生的一份沉甸甸的礼物。

在这里，我也要感谢我自己。六年级——忙碌的毕业季，除了关乎孩子们升学的学业，还有毕业册、毕业游学、毕业典礼等重要的事项要去做好。每天计算着和孩子们在一起的所剩不多的时光，常常有即将成为"空巢老人"的没来由的难过。心中常常着急：这本书能不能在孩子们毕业前印出来，让他们带着书走出母校，带着对这段生活的念想，对我的思念。于是，我从寒假里开始写，等到开学，就经常是白天忙完学校的事情，再回家忙完孩子的事情，等夜静了，噼噼啪啪地敲击键盘码字，及至深夜。

在这里，我也要感谢我的同事们，尤其副班主任聂焱老师，在这六年小学生活的最后一年，他来到班级，他很独特，看起来有点儿酷,又带点儿离经叛道的感觉,但是他深受孩子们喜爱。不仅如此,他还很能写,与这帮孩子们志趣相投。他看了这部书稿,提出了很多可行的建议,并和我一起阅读孩子们的文章,也欣赏文章背后的每一个孩子。他还亲自动笔为梁时雨、庄奕楠等同学的新书写序言。真可谓尽心,又尽力。

  千言万语,化作一句话,让我合起掌来,说一声感恩,惟有感恩。